总主编 ◎ 楼宇烈

中|华|优|秀|传|统|文|化|经|典|丛|书

颜氏家训

（北齐）颜之推　著 ◎ 康华兰　注译

华龄出版社
HUALING PRESS

图书在版编目（CIP）数据

颜氏家训 / 康华兰注译． -- 北京 ： 华龄出版社，
2022.10

（中华优秀传统文化经典丛书 / 楼宇烈主编）

ISBN 978-7-5169-2306-1

Ⅰ．①颜… Ⅱ．①康… Ⅲ．①家庭道德－中国－南北
朝时代②《颜氏家训》－注释③《颜氏家训》－译文
Ⅳ．①B823.1

中国版本图书馆 CIP 数据核字 (2022) 第119547号

| 策　　划 | 善品堂®藏書 | 责任印制 | 李未圻 |
| 责任编辑 | 李　健　陈　馨 | 装帧设计 | 王德华 |

书　　名	颜氏家训	注　译	康华兰
出　　版 发　　行	华龄出版社 HUALING PRESS		
地　　址	北京市东城区安定门外大街甲 57 号	邮　编	100011
发　　行	（010）58122255	传　真	（010）84049572
版　　次	2022 年 10 月第 1 版	印　次	2023 年 6 月第 2 次印刷
规　　格	889mm×1194mm	开　本	1/32
印　　张	11.25	字　数	201 千字
书　　号	ISBN 978-7-5169-2306-1		
定　　价	86.00 元		

中华优秀传统文化经典丛书

编委会秘书处

何德益　江　力　于　始　邹德金

出版缘起

文化是一个国家、一个民族的灵魂。泱泱华夏，五千年文明历史所孕育的中华优秀传统文化，是中华民族生生不息、发展壮大的丰厚土壤。

党的十八大以来，以习近平同志为核心的党中央高度重视中华优秀传统文化的传承与发展。2013 年 11 月 26 日，习近平总书记在山东曲阜孔府和孔子研究院考察时强调："要大力弘扬中国传统文化。"2022 年 6 月 8 日，习近平总书记在四川眉山三苏祠考察时指出："要善于从中华优秀传统文化中汲取治国理政的理念和思维。"2017 年 1 月，中共中央办公厅、国务院办公厅印发《关于实施中华优秀传统文化传承发展工程的意见》，系统部署传承发展中华优秀传统文化的战略任务，把传承中华优秀传统文化提升到新的历史高度。2022 年 4 月，中共中央办公厅、国务院办公厅印发《关于推进新时代古籍工作的意见》，明确指出，要完善古籍工作体系、提升古籍工作质量，"挖掘古籍时代价值"，"促进古籍有效利用"，"做好古籍普及传播"。

中华传统文化是中华民族的"根"与"魂"。文化兴则国家兴，文化强则民族强。没有高度的文化自信，没有文化的繁荣兴盛，就没有中华民族的伟大复兴。党的十九届六中全会强调，要"推动中华优秀传统文化创造性转化、创新性发展"。为适应全民阅读、共读经典的时代需求，我们组织出版《中华优秀传统文化经典丛书》，以展示古籍研究领域的成果，推广、普及中华优秀传统文化经典，传承、弘扬中华优秀传统文化，提振当代中国人的文化自信。

激活经典，熔古铸今。丛书精选中华优秀传统文化经典，既选取广为人知的历史沉淀下来的传世经典，也增选极具价值但多部大型丛书未曾选入的珍稀出土文献（如诸多竹简、帛书典籍），充分展示中华传统文化的历史脉络与宏富多元。丛书由众多学识渊博的专家学者担任编委，遴选各领域杰出研究者与传承人担任解读（或译注）作者，切实保证作品品质。

丛书定位为中华优秀传统文化经典普及读物，力求能让广大读者亲近经典、阅读经典，充分领略和感受中华优秀传统文化的魅力，并从中获益。为此，解读者（或译注者）以当代价值需求为切入点解读古代典籍，全方位解决古文存在的难读难解、难以亲近的问题，让中华优秀传统文化贴近现实生活，走进人们的心中，最大限度地发挥以文化人的作用。

"问渠那得清如许？为有源头活水来。"博大精深的中华文化源远流长，五千年文脉绵延不绝，中华优秀传统文化是中华儿女奋发图强、继往开来、实现民族伟大复兴的强大精神来源。"洒扫应对，莫非学问。"读者诸君若能常读经典、读好经典，真正把传统文化的精义、真髓切实融入生活和工作，那各位的知与行也一定能让生活充满希望，让工作点亮未来，让国家昌盛，让世界更美好！

丛书编委会

2022 年 6 月 9 日

前　言

在中国五千年的历史长河中，圣贤相继，德慧相承，教人忠诚老实、尊老爱幼、说话谨慎、行为端正的典籍浩如烟海。在这些典籍中，颜之推所著《颜氏家训》为历代所推崇，是一部影响比较深远的作品。

颜之推（531—约597年），字介，生于江陵（今湖北江陵），祖籍琅邪临沂（今山东临沂）。早传家学，十二岁时，适遇湘东王自讲庄、老之学。之推便预为门徒。只因谈玄说虚，并非所学，仍然学习《周礼》《左传》等，博览群书。初仕梁，为湘东王参军。后入北齐，任中书舍人，因之推聪颖机悟，博识有才辩，应对闲明，又善长于文学，为尚书左仆射祖所赏识，官至黄门侍郎。齐亡入周，为御史上士。隋开皇中，太子召为学士，深为礼重，约于开皇十七年（597年）因病终。

颜之推出身士族，深受儒家名教礼法影响，又信仰佛教。他博识有才辩，处事勤敏，应对闲明，所以在南北朝各政权之下，先后得到宠任。在他六十多年的人生中，"三为亡国之人"，行踪遍及江南、河北、关中，又去世于南北统一之后的隋开皇年间，所以经验、阅历都比较丰富，非南朝或北朝拘于一隅的高门士族可比拟。

《颜氏家训》计七卷二十篇，从居家教子起，逐渐向外扩展，不仅建立了他的家庭伦理观，而且就个人修养所应遵守的行为规范也做了具体说明，涉及范围十分广泛。全书以家训形式，不仅有对后辈的谆谆教导，还包括颜之推自己对社会政治、思想文化、伦理道德、风俗习惯等一系列问题的独到见解。其许多见解在今天看来，仍有其积极意义。

《颜氏家训》是颜之推为了用儒家思想教育子孙，以保持自己家庭的传统与地位，而写出的一部系统完整的家庭教育教科书。这是他一生关于士大夫立身、治家、处事、为学的经验总结，在封建家庭教育发展史上具有重要的影响。后世称此书为"家教规范"。

《颜氏家训》对颜氏子孙后代，以及整个后世教育产生了普遍而深远的影响。纵观历史，颜氏子孙在操守与才学方面多有惊世表现。根据新编《陋巷志》记载，颜之推的三个儿子颜思鲁、颜愍楚、颜游秦，四个孙子颜师古、颜相时、颜勤礼、颜育德，都是很有名气的人。仅唐一朝，便有为《汉书》注解的颜思古；创"颜体"楷书，对后世影响深远的颜真卿；凛然大节震烁千古，以身殉国的颜杲卿……个个都令人们对颜家有深刻印象，足证其祖所立家训之效用彰著。即使到了宋元两朝，颜氏族人仍然入仕不断，尤其令明清两代人钦羡不已。

《颜氏家训》虽然带有明显的时代局限性，但也包含着中华优秀传统文化的宝贵经验，以及不少有关南北朝时期社会、政治、文化的细致观察和通达议论。书中记载的许多情况具有较高的史料价值，如对南北士族风尚的异同、治学为文之方法，乃至语言杂艺等进行比较，求其得失。谈到梁代子弟之脆弱、邺下读书人教子之方法，以及江南侨姓之未有力田等，都与南北朝有关史事密切相关。

从总体上看，《颜氏家训》是一部有着丰富文化内蕴的作品，它在家庭伦理、道德修养方面，即使在今天，仍具有务实性和可操作性的特性；在研究古文献学、研究南北朝历史和文化领域它有着很高的学术价值。同时，作者在乱世中表现出的明哲思辨，值得后人借鉴。

作为中国传统社会的典范教材，《颜氏家训》开创"家训"之先河，是我国古代家庭教育理论宝库中的珍贵遗产。颜之推并无赫赫之功，也未列显官之位，却因一部《颜氏家训》而享千秋盛名，由此可见其家训的影响深远。被陈振孙誉为"古今家训之祖"的《颜氏家训》，是中国文化史上的一部重要典籍，这不仅表现在该书"质而明，详而要，平而不诡"的文章风格，以及"兼论字画音训，并考正典故，品第文艺"的内容上，而且还表现在该书"述立身治家之法，辨正时俗之谬"的现世精神上。因此，历代学者对该书推崇备至，视之为垂训子孙及家庭教育的典范。

目　录

序致第一 …………………………………………………………（ 1 ）

教子第二 …………………………………………………………（ 6 ）

兄弟第三 …………………………………………………………（ 15 ）

后娶第四 …………………………………………………………（ 23 ）

治家第五 …………………………………………………………（ 31 ）

风操第六 …………………………………………………………（ 45 ）

慕贤第七 …………………………………………………………（ 86 ）

勉学第八 …………………………………………………………（ 95 ）

文章第九 …………………………………………………………（ 141 ）

名实第十 …………………………………………………………（ 168 ）

涉务第十一 ………………………………………………………（ 178 ）

省事第十二 ………………………………………………………（ 186 ）

止足第十三 ……………………………………………（200）

诫兵第十四 ……………………………………………（205）

养生第十五 ……………………………………………（210）

归心第十六 ……………………………………………（216）

书证第十七 ……………………………………………（239）

音辞第十八 ……………………………………………（307）

杂艺第十九 ……………………………………………（319）

终制第二十 ……………………………………………（332）

附录　颜之推传（《北齐书·文苑传》）……………（338）

序致第一

　　夫圣贤之书，教人诚孝[1]，慎言检迹[2]，立身扬名，亦已备矣。魏、晋已来，所著诸子[3]，理重事复，递相模敩[4]，犹屋下架屋，床上施床耳。吾今所以复为此者，非敢轨物范世也，业以整齐门内，提撕[5]子孙。夫同言而信，信其所亲；同命而行，行其所服。禁童子之暴谑，则师友之诫，不如傅婢[6]之指挥；止凡人之斗阋[7]，则尧、舜之道，不如寡妻[8]之诲谕。吾望此书为汝曹之所信，犹贤于傅婢、寡妻耳。

[**注释**]

1 诚孝：忠孝。

2 检迹：行为自持，不放纵。

3　诸子：本指先秦诸子。这里指魏晋以来的人阐述儒家学说的著述。

4　模敩xiào：模仿、仿效。

5　提撕：拉扯、提携，提醒、教导。

6　傅婢：侍婢。

7　斗阋：指家庭内兄弟之间的争执。

8　寡妻：正妻。

[译文]

古代圣贤们的著述，主要是教人行忠孝，至于言语谨慎、行为庄重、立身扬名等道理，也说得很周全。魏晋以来，阐述古代圣贤思想的书，道理重复，内容雷同，前后照搬，好比屋里再建屋子，床上再放床一样。现在我又来写这一类书，不敢以它作为世人行为的规范，只不过是作为整顿自家门风、警醒后辈儿孙罢了。同样一句话，有的人就信服，是因为说话者是他们所亲近的人；同样一个吩咐，有的人就照办，是因为做出吩咐者是他们所敬服的人。要杜绝孩子的过分淘气，师友的劝诫，还不如婢女的指挥命令；要制止兄弟间的内讧，尧舜的教导，还不如他们自家妻子的诱导规劝。我希望这本书能被你们信服，不过是希望它能胜过婢女对孩童、妻子对丈夫所起的作用而已。

吾家风教，素为整密，昔在龆龀[1]，便蒙诱诲。每从两兄[2]，晓夕温清[3]，规行矩步[4]，安辞定色，锵锵翼翼[5]，若朝严君[6]焉。赐以优言，问所好尚，励短引长，莫不恳笃。年始九岁，便丁荼蓼[7]，家涂[8]离散，百口索然[9]。慈兄鞠养，苦辛备至，有仁无威，导示不切。虽读《礼》《传》，微爱属文[10]，颇为凡人之所陶染。肆欲轻言，不修边幅。年十八九，少[11]知砥砺，习若自然，卒难洗荡。二十已后，大过稀焉；每常心共口敌，性与情竞，夜觉晓非，今悔昨失，自怜无教，以至于斯。追思平昔之指[12]，铭肌镂骨，非徒古书之诫，经目过耳也。故留此二十篇，以为汝曹后车[13]耳。

[注释]

1 龆tiáo龀chèn：儿童换齿之时，指童年时代。

2 两兄：指颜之仪、颜之善二人。

3 温清qìng："冬温夏清"的省称，冬天温被使暖，夏天扇席使凉，比喻依照礼节侍奉父母。

4 规行矩步：比喻行为举止合乎法度。

5 锵锵翼翼：行为举止恭敬有礼。

6 严君：父母，多指父亲。

7 荼tú蓼liǎo：处境艰苦，这里喻指丧父。

8 家涂：家道。

9　百口：全家。索然：萧索，冷落。

10　属文：写文章。

11　少：同"稍"。

12　指：通"旨"，意旨，意向。

13　后车：后车之鉴。

[**译文**]

我家的门风家教，一向是严整缜密的。还在小的时候，我就时时得到指导教诲，学着我两位兄长的样子，早晚侍奉双亲，一举一动都照规矩办事，神色安详，言语平和，走路小心恭敬，就如同给父母大人请安时一样。长辈常传授我佳言锦句，关心我的喜好，勉励我扬长避短，没有一样不是恳切深厚的。我刚满九岁时，父亲便去世了，家道中衰，人丁冷落。慈爱的兄长来尽抚育之责，其困苦辛劳达到极点，但他仁爱而无威严，对我的督导并不够严厉。我虽然读了《周礼》《左传》，也有点喜欢写文章，但与一般平庸之人相交而受其熏染，放纵私欲，信口开河，又不注重着装容貌的整洁。到十八九岁时，渐渐懂得要磨炼品性了，但习惯成自然，最终还是难以彻底改掉不良习惯。二十岁以后，大的过失很少犯了，常常是在信口开河时，心里就警觉起来而加以控制，理智与感情往往处于矛盾状态，夜晚觉察到白天的错误，今日追悔昨日的过失，自己意识到小时候没有得到好的教育，因此才到这种地步。追想平素所立的志向，真是铭心刻骨，决不仅仅是把古书上的告诫听一遍看一遍。所以，我留下这二十篇《家训》，以此作为你辈的鉴戒。

教子第二

上智不教而成，下愚虽教无益，中庸之人[1]，不教不知也。古者，圣王有胎教之法：怀子三月，出居别宫，目不邪视，耳不妄听，音声滋味，以礼节之。书之玉版，藏诸金匮[2]。生子咳提[3]，师保[4]固明孝仁礼义，导习之矣。

凡庶[5]纵不能尔，当及婴稚，识人颜色，知人喜怒，便加教诲，使为则为，使止则止。比及数岁，可省笞罚。父母威严而有慈，则子女畏慎而生孝矣。吾见世间，无教而有爱，每不能然；饮食运为[6]，恣其所欲；宜诫翻奖，应诃反笑，至有识知，谓法当尔。骄慢已习，方复制之，捶挞至死而无威，忿怒日隆而增怨，逮于成长，终为败德。

[**注释**]

1 中庸之人：智力平常的人。

2 金匮：金属制作的书柜。

3 咳提：孩提。

4 师保：古代担任教导皇室贵族子弟的官，有师有保，统称师保。

5 凡庶：普通人。

6 运为：行为。

[**译文**]

智力超群的人，不用教育就可成才；智力迟钝的人，即使教育也没有太大用处；智力中等的人，不教育就不会明白事理。古时候，圣王有所谓胎教的方法：王后怀太子到三个月时，就要住到专门的房间，不该看的不看，不该听的不听，音乐、饮食，都照礼节制。这种胎教的方法，都写在玉版上，藏在金柜里。太子两三岁时，师保就确定好了，开始对他进行孝、仁、礼、义的教育训练。

普通人纵然不能如此，也应当在孩子知道辨认大人的脸色、明白大人的喜怒时，开始加以教诲，叫他去做他就去做，叫他不做他就不做。这样，等他长大时，就可不必打竹板处罚了。当父母的平时威严又慈爱，子女就会敬畏谨慎，从而产生孝心。我看这人世上，有些父母不知教育而只是溺爱子女，往往不能这样；他们对子女的吃喝玩乐，任意放纵，本应告诫的，反而奖励；本应呵责，反而面露笑容，等到子女懂事，还以为按道理本当如此。骄横傲慢的习气已经养成了，才去制止它，就是把子女鞭抽棍打也树立不起威信，火气一天天增加，招致子女的怨恨，等到子女长大成人，终究是道德败坏之人。

孔子云"少成若天性，习惯如自然"是也。俗谚曰："教妇初来，教儿婴孩。"诚哉斯语！凡人不能教子女者，亦非欲陷其罪恶；但重于诃怒，伤其颜色，不忍楚挞惨其肌肤耳。当以疾病为谕，安得不用汤药针艾救之哉？又宜思勤督训者，可愿[1]苛虐于骨肉乎？诚不得已也。

王大司马母魏夫人，性甚严正。王在溢城[2]时，为三千人将，年逾四十，少不如意，犹捶挞之，故能成其勋业。梁元帝时，有一学士，聪敏有才，为父所宠，失于教义。一言之是，遍于行路[3]，终年誉之；一行之非，掩藏文饰，冀其自改。年登婚宦[4]，暴慢日滋，竟以言语不择，为周逖抽肠衅鼓云。

[注释]

1 可愿：岂愿。

2　溢pén城：也称盆口，为溢水汇入长江处。

3　行路：路人。

4　婚宦：结婚和做官，这里指成年。

[译文]

孔子说"从小养成的就像天性，习惯了的也就成为自然"，就是这个道理。俗话说："教媳妇趁新到，教儿子要赶早。"这话一点不假啊！普通人不能教育好子女，并不是要把子女推进罪恶的泥潭，只是不愿看到子女受责骂而脸色沮丧，不忍子女被荆条抽打皮肉受苦罢了。这应该用治病来打比方，子女生了病，父母哪里能不用汤药针艾去救治他们呢？也应该想一想那些勤于督促训导子女的父母，他们难道愿意虐待自己的亲骨肉吗？确实是不得已啊。

大司马王僧辩的母亲魏老夫人，品性非常严谨方正；王僧辩在溢城时，是三千士卒的统领，年纪也过四十了，但稍微不称意，老夫人还用棍棒教训他。因此，王僧辩才能成就功业。梁元帝的时候，有一位学士，聪明有才气，从小被父亲宠爱，疏于管教；他若一句话说得漂亮，当爹的巴不得过往行人都晓得，一年到头都挂在嘴上；他若一件事有闪失，当爹的为他百般遮掩粉饰，希望他自己悄悄改掉。学士成年以后，凶暴傲慢的习气一天胜过一天，终究因为说话不检点，被周逖杀掉后，肠子被抽出，血被拿去涂抹战鼓。

父子之严，不可以狎；骨肉之爱，不可以简。简则慈孝不接，狎则怠慢生焉。由命士[1]以上，父子异宫，此不狎之道也；抑搔痒痛，悬衾箧枕[2]，此不简之教也。或问曰："陈亢喜闻君子之远其子，何谓也？"对曰："有是也。盖君子之不亲教其子也。《诗》有讽刺之辞，《礼》有嫌疑之诫，《书》有悖乱之事，《春秋》有邪僻之讥，《易》有备物[3]之象：皆非父子之可通言，故不亲授耳。"

[注释]

1　命士：古代称读书做官者为士，命士指受有爵命的士。

2　悬衾箧qiè枕：把被子捆好悬挂起来，把枕头放进箱子里。

3　备物：备办各种器物。

[译文]

以父亲的威严，就不该对孩子过分亲昵；以至亲的相爱，就不该不拘礼节。不拘礼节，慈爱孝敬都谈不上；过分亲昵，放肆不敬之心就会产生。从有身份的读书人往上数，他们父子是分室居住的，这就是不过分亲昵的办法；当晚辈的替长辈按摩止痛止痒，收拾卧具，这就是讲究礼节的道理。有人要问：“陈亢很高兴听到君子与自己的孩子保持距离的事，这是为什么？”我回答说：“有道理，因为君子是不亲自教授自己孩子的。《诗》里面有讽刺骂人的诗句，《礼》里面有不便言传的告诫，《书》里面有悖礼作乱的记载，《春秋》里面有对淫乱行为的指责，《易》里面有备物致用的卦象，这些都不是当父亲的可以向孩子直接讲述的，所以君子不亲自教授自己的孩子。”

　　齐武成帝子琅邪王，太子母弟也，生而聪慧，帝及后并笃爱之，衣服饮食，与东宫相准[1]。帝每面称之曰：“此黠儿也，当有所成。”及太子即位，王居别宫，礼数[2]优僭，不与诸王等。太后犹谓不足，常以为言。年十许岁，骄恣无节，器服玩好，必拟乘舆[3]；常[4]朝南殿，见典御[5]进新冰，钩盾[6]献早李，还索不得，遂大怒，诟[7]曰：“至尊已有，我何意无？”不知分齐[8]，率皆如此。识者多有叔段、州吁之讥。后嫌宰相，遂矫诏斩之，又惧有救，乃勒麾下军士，防守殿门；既无反心，受劳而罢，后竟坐此幽薨[9]。

[**注释**]

1 东宫：太子所居之处，也代指太子。准：比照。

2 礼数：指礼仪的级别。

3　乘舆：皇帝的车子，后用于代指皇帝。

4　常：通"尝"，曾经。

5　典御：古代主管帝王饮食的官员。

6　钩盾：古代官署名，主管皇家园林等事项。

7　詢gòu：通"诟"，骂。

8　分齐jì：本分定限的意思。

9　坐：触犯。薨hōng：周代诸侯死之称。

[译文]

齐武成帝的三儿子琅邪王高俨，是太子高纬的同母弟弟。他天生很聪慧，武成帝和明皇后都非常喜欢他，吃的穿的，与太子一样。武成帝经常当面称赞他说："这可是个机灵孩子啊，今后会成器的。"等到太子即位，琅邪王被迁到北宫去住，太后给予他的礼遇过于优厚，与他的兄弟们都不一样；即使这样，太后还说优待不够，常挂在嘴上。琅邪王十岁左右时，骄横放肆得没有节制，穿的用的，一律要与当皇帝的哥哥相比。一次，他到南殿朝拜，正碰上典御官、钩盾令向皇上进献刚从地窖里取出的冰块及早熟的李子，就派人去索取，未得，就大发脾气，骂道："皇上都有的东西，我凭什么就没份？"不懂得谨守为臣的本分，他的行为大抵都是如此。有识之士多指责说这是古代叔段、州吁的再现。往后，琅邪王讨厌宰相和士开，就假传圣旨将他杀了，担心有人来救，竟命令手下军士把守皇帝的殿门。其实他也没有反心，得到安抚之后就撤了兵，但后来终究为此事被朝廷秘密处死。

人之爱子，罕亦能均；自古及今，此弊多矣。贤俊者自可赏爱，顽鲁者亦当矜怜。有偏宠者，虽欲以厚之，更所以祸之。共叔[1]之死，母实为之。赵王之戮，父实使之。刘表之倾宗覆族，袁绍之地裂兵亡，可为灵龟明鉴[2]也。

齐朝有一士大夫，尝谓吾曰："我有一儿，年已十七，颇晓书疏[3]，教其鲜卑语及弹琵琶，稍欲通解，以此伏[4]事公卿，无不宠爱，亦要事也。"吾时俛而不答。异哉，此人之教子也！若由此业[5]，自致卿相，亦不愿汝曹为之。

[**注释**]

1　共gōng叔：即叔段，叔段逃亡至共，因称之为共叔段。

2　灵龟明鉴：古人以龟壳占卜，以铜镜照形，故以此二物比喻可资借鉴的事物。

3　书疏：此指文书信函等的书写工作。

4　伏：通"服"，服侍。

5 业：职业，指服侍公卿一事。

[译文]

人们喜爱自己的孩子，却少有能够一视同仁的。从古到今，这中间的弊端可够多了。那聪慧漂亮的孩子，当然值得赏识喜爱，那愚蠢迟钝的孩子，也应该怜悯同情才是。有那偏宠孩子的人，虽然是想以自己的爱厚待他，反而以此害了他。共叔段的死，实际是他母亲造成的，赵王如意被杀，实际是他父亲造成的。其他像刘表的宗族倾覆，袁绍的兵败地失，这些事例都像灵龟、明镜一样可供借鉴啊。

齐朝有位士大夫，曾经对我讲："我有个孩子，已经十七岁了，通晓公文的书写，我教他讲鲜卑语、弹奏琵琶，他渐渐地都学会了，用这些特长去服侍王公贵族，一定会被宠爱的，这也是一件紧要的事啊。"我当时低着头，未作回答。这个人教育孩子的方法，真让人诧异啊！假如凭这些去成就大业，即使可当上宰相，我也不愿让你们去干。

兄弟第三

　　夫有人民而后有夫妇，有夫妇而后有父子，有父子而后有兄弟：一家之亲，此三而已矣。自兹以往，至于九族[1]，皆本于三亲焉，故于人伦为重者也，不可不笃。兄弟者，分形连气[2]之人也。方其幼也，父母左提右挈，前襟后裾，食则同案[3]，衣则传服[4]，学则连业[5]，游则共方，虽有悖乱之人，不能不相爱也。及其壮也，各妻其妻，各子其子，虽有笃厚之人，不能不少衰也。娣姒[6]之比兄弟，则疏薄矣；今使疏薄之人，而节量[7]亲厚之恩，犹方底而圆盖，必不合矣。惟友悌[8]深至，不为旁人[9]之所移者，免夫！

[注释]

1　九族：指本身以上的父、祖、曾祖、高祖和以下的子、孙、曾孙、玄孙。也有以父族四、母族三、妻族二，合为"九族"。

2　分形连气：形体各别，气息相通。

3　案：古代一种放食器的盘。

4　传服：指大孩子用过的衣服留给小孩子穿。

5　业：书写经典的大版。连业：哥哥用过的经籍，弟弟又接着使用。

6　娣dì姒sì：兄弟之妻互称，即"妯娌"。

7　节量：节制度量。

8　友：兄弟相亲。悌：敬爱兄长。

9　旁人：此指兄弟各自的妻子。

[译文]

有了人类以后才有夫妇，有了夫妇以后才有父子，有了父子以后才有兄弟：一个家庭中的亲人，就这三者而已。由此类推，直到产生出九族，都是来源于"三亲"，所以对于人伦关系来说，三亲是最为重要的，不可不加以重视。兄弟，是一母所生，外表不同，而气息相通的人。他们小的时候，父母左手拉一个，右手牵一个；这个扯着父母的前襟，那个抓住父母的后摆；吃饭是用一个案盘；穿衣是哥哥传给弟弟；学习是弟弟用哥哥的课本；游玩也是在同一个地方。虽然有悖礼胡来的人，兄弟间却不会不互相爱护。等到他们长大成人，各自娶了妻子，各自有了孩子，虽然有忠诚厚道的人，兄弟间的感情却是渐渐减弱。妯娌比起兄弟来，关系就更加疏远淡薄了。现在让关系疏远淡薄者来节制关系亲密者之间的关系，这就比给方形的底座配上圆形的盖子，一定是合不拢的。只有相亲相爱、感情至深、不会受别人影响而改变的兄弟，才可避免上述情况。

二亲既殁[1]，兄弟相顾，当如形之与影，声之与响；爱先人之遗体[2]，惜己身之分气[3]，非兄弟何念[4]哉？兄弟之际，异于他人，望深则易怨，地亲[5]则易弭。譬犹居室，一穴则塞之，一隙则涂之，则无颓毁之虑；如雀鼠之不恤，风雨之不防，壁陷楹沦[6]，无可救矣。仆妾之为雀鼠，妻子之为风雨，甚哉！

[注释]

1 殁mò：死。

2 先人：指已死亡的父母。遗体：指自己的身体。

3 分气：分得父母的血气。

4 念：爱怜。

5 地亲：地近情亲。

6 楹：厅堂前的柱子。沦：没落，这里指摧折。

[译文]

　　父母死后，兄弟间互相照顾，应当像身体与它的影子，音响与它的回声一样密切。互相爱护先辈所给予的躯体，互相珍惜从父母那儿分得的血气，不是兄弟谁会这样互相爱怜呢？兄弟之间的关系与别人不同，相互期望过高就容易产生不满，而接触密切，不满也容易消除。就比如一间居室，有一个洞就立刻堵上，有一条缝隙就马上涂盖，就不会有倒塌的忧虑了。如果对雀子老鼠的危害不放在心上，对风雨的侵蚀不加以提防，就会墙壁倒塌，楹柱摧折，没法补救了。仆妾比起雀子老鼠，妻子比起风雨，其危害更甚。

　　兄弟不睦，则子侄[1]不爱；子侄不爱，则群从疏薄；群从[2]疏薄，则僮仆为仇敌矣。如此，则行路皆踏其面而蹈[3]其心，谁救之哉！人或交天下之士，皆有欢爱，而失敬于兄者，何其能多而不能少也！人或将数万之师，得其死力，而失恩于弟者，何其能疏而不能亲也！

[注释]

1 子侄：兄弟之子。
2 群从：与"子侄"同辈的族中子弟。

3 踖 jí：践踏。蹜：踩。

[**译文**]

兄弟之间不和睦，侄儿之间就不会互相爱护；侄儿之间不互相爱护，家庭中的子弟辈们就会关系疏薄；子弟辈们关系疏薄，那童仆之间就会相互仇视。这样，过往路人都可以随意欺辱他们，谁能够救助他们呢？有的人能够结交天下之士，相互之间都快乐友爱，而对自己的哥哥却缺乏敬意，为什么对多数人可做到的，对少数人却不行呢！有人统领几万军队，能使部属以死效力，而对自己的弟弟却缺乏恩爱，为什么对关系疏远的人能做到的，对关系亲密的人却不行呢！

娣姒者，多争之地也，使骨肉[1]居之，亦不若各归四海，感霜露而相思，伫日月之相望也。况以行路之人，处多争之地，能无间者，鲜矣。所以然者，以其当公务[2]而执私情，处重责而怀薄义也；若能恕己[3]而行，换子而抚[4]，则此患不生矣。

[**注释**]

1 骨肉：此指妯娌为同胞姊妹关系而言。

2 公务：此指大家庭内部的集体事务。

3 恕己：宽恕自己，文中指用宽恕自己的态度去宽恕他人。

4 换子而抚：互相交换孩子抚养。这里指把兄弟的子女当成自己的子女。

[译文]

妯娌之间容易产生纠纷，即使是同胞姊妹，让她们成为妯娌住在一起，也不如让她们远嫁各地，这样她们反而会因感受霜露的降临而互相思念，仰观日月的运行而遥相盼望。何况妯娌本是陌路之人，处在容易闹纠纷的环境里，互相之间能够不产生嫌隙的太少了。之所以会这样，是因为大家处理家庭中的集体事务时夹带私心，肩负重大的家庭责任却心怀个人的区区恩义。如果她们能够本着仁爱之心行事，把别人的孩子当成自己的孩子加以爱抚，则这种弊端就不会产生了。

人之事兄，不可[1]同于事父，何怨爱弟不及爱子乎？是反照而不明也。沛国刘琎，尝与兄瓛连栋隔壁，瓛呼之数声不应，良久方答；瓛怪问之，乃曰："向来[2]未着衣帽故也。"以此事兄，可以免矣。

[注释]

1 可：肯。

2　向来：刚才。

[译文]

有人不肯以对待父亲的态度敬事兄长，又何必埋怨兄长对自己不如对自家孩子疼爱呢？以此反观就可看出自己缺乏自知之明。沛国的刘琎与哥哥刘瓛的住房只隔一层墙壁，一次，刘瓛呼唤刘琎，连叫几声都没有答音，过了好一会儿才听见刘琎答应。刘瓛感到奇怪，问他原因，他说："因为刚才还没有穿戴好衣帽。"以这样的态度敬事兄长，就可以避免隔阂了。

江陵王玄绍，弟孝英、子敏，兄弟三人，特相爱友，所得甘旨新异，非共聚食，必不先尝，孜孜[1]色貌，相见如不足者。及西台陷没，玄绍以形体魁梧，为兵所围，二弟争共抱持，各求代死，终不得解，遂并命[2]尔。

[注释]

1　孜孜：勤勉的样子。
2　并命：同死。

[译文]

江陵的王玄绍与其弟孝英、子敏兄弟三人，特别友爱，谁要得到美味新奇的食品，除非三人在一起共享，否则不会有谁先去品尝。兄弟间勤勉相待，相处时还是认为自己为对方做得不够。赶上西台陷落，玄绍因为体形魁梧，被敌兵包围，两个弟弟争着去保护，请求替哥哥去死，但终于未能消解厄运，三人被一同杀害。

后娶第四

　　吉甫，贤父也，伯奇，孝子也。以贤父御[1]孝子，合得终于天性[2]，而后妻间之，伯奇遂放。曾参妇死，谓其子曰："吾不及吉甫，汝不及伯奇。"王骏丧妻，亦谓人曰："我不及曾参，子不如华、元。"并终身不娶，此等足以为诫。其后，假继[3]惨虐孤遗。离间骨肉，伤心断肠者，何可胜数。慎之哉！慎之哉！

[**注释**]

1 御：治理，此处是管教或教诲之意。

2 天性：这里指父子间相互关爱的天性。

3 假继：继母。

［译文］

吉甫是位贤明的父亲，伯奇是位孝顺的儿子。贤明的父亲来管教孝顺的儿子，应该能够一直保持父与子之间慈孝的天性吧。但吉甫的后妻从中挑拨，伯奇就被父亲放逐了。曾参的妻子死后，他拒绝再娶，并对儿子说："我不如吉甫贤明，你们也不如伯奇孝顺。"王骏在妻子死后，也对别人说了同样的理由："我不如曾参，我的孩子也不如曾华、曾元。"曾参与王骏两位后来终生不再娶。这些事例都足以为诫。在曾参、王骏之后，继母残酷虐待前妻的孩子，离间父子骨肉的关系，让人伤心断肠的事不可胜数。所以对娶后妻的事，要慎重啊！慎重啊！

江左不讳庶孽[1]，丧室之后，多以妾媵终家事[2]；疥癣蚊虻[3]，或未能免，限以大分[4]，故稀斗阋之耻。河北鄙于侧出[5]，不预人流[6]，是以必须重娶，至于三四，母年有少于子者。后母之弟，与前妇之兄，衣服饮食，爰及婚宦，至于士庶[7]贵贱之隔，俗以为常。身没之后，辞讼盈公门，谤辱彰道路，子诬母为妾[8]，弟黜兄为佣，播扬先人之辞迹[9]，暴露祖考之长短[10]，以求直己者，往往而有，悲夫！自古奸臣佞妾，以一言陷人者众矣！况夫妇之义，晓夕移之，婢仆求容，助相说引[11]，积年累月，安有孝子乎？此不可不畏。

[**注释**]

1　江左：长江下游以东地区。庶孽：封建社会称妾所生子女为庶孽。

2　妾媵yìng：正妻以外的婢妾的通称。终：结束。这里是继续管下去的意思。

3　疥癣蚊虻méng：指家庭内部的矛盾。

4　大分：名分。

5　河北：黄河以北地区。侧出：指婢妾所生的子女。

6　人流：有身份者的行列。

7　士庶：士族和庶族。

8　子：此指前妻之子。母：此指后母。

9　辞迹：言语，行迹。此句指传扬先辈隐私。

10　考：指已去世的父亲。祖考：指已去世的祖先。

11　引：诱引。

[**译文**]

江东一带，不避讳妾媵所生的孩子，正妻死后，多以妾媵主持家事。这样，小的摩擦，或许不能避免，但限于妾媵的身份地位，也很少发生兄弟内讧那种耻辱的事。黄河以北一带，瞧不起妾媵所生的孩子，不让他们平等参与各种家庭或社会事务，这样在妻子死后，就必须再娶一位，甚至娶三四次，以至后母的年龄比前妻的儿子还小，后妻所生的儿子，与前妻所生的儿子，他们的衣服饮食，以及婚配做官，竟然有像士庶贵贱那样的差别，而当地习俗认为这是很正常的。这种家庭，在父亲死后，往往打官司挤破衙门，诽谤辱骂之声路上都听得到。前妻之子诬蔑后母是小老婆，后母之子贬斥前妻之子当佣仆，他们到处传扬先辈的隐私，暴露祖宗的长短，以此来证明自己的正直，这种人常常出现。可悲啊！自古到今的奸臣佞妾，用一句话就害了别人的可太多了！何况凭夫妇的情义，早晚可改变其本来的心意，婢女男仆为讨得主人欢喜，帮着劝说引诱，积年累月，怎么还会有孝子？这不能不让人害怕。

凡庸之性，后夫多宠前夫之孤，后妻必虐前妻之子；非唯妇人怀嫉妒之情，丈夫有沉惑之僻[1]，亦事势使之然也。前夫之孤，不敢与我子争家，提携鞠养，积习生爱，故宠之；前妻之子，每居己生之上，宦学[2]婚嫁，莫不为防焉，故虐之。异姓[3]宠则父母被怨，继亲[4]虐则兄弟为仇，家有此者，皆门户之祸也。

[注释]

1　沉惑：溺于所爱而不明。僻：邪僻背理。

2　宦学：宦指学习仕宦之事；学指学习《六经》之事。

3　异姓：前夫之子。

4 继亲：后母。

[**译文**]

按一般人的秉性，后夫大多宠爱前夫留下的孩子，后妻则必定虐待前妻丢下的骨肉。不是只有妇人才会心怀嫉妒之情，男人才有一味溺爱的毛病，这也是事物的情势使他们这样。前夫的孩子，不敢与自己的孩子争夺家产，而后父从小照顾抚养他，日积月累就会产生爱心，所以就宠爱他；前妻的孩子，地位往往在自己孩子之上，读书做官，男婚女嫁，没有一样不提防，所以说要虐待他。但异姓的孩子被宠爱，父母就会受到自己孩子怨恨，后母虐待前妻的孩子，兄弟之间就会变成仇人，哪家有这种事，都是家庭的祸害啊！

思鲁等从舅殷外臣[1]，博达之士也。有子基、谌，皆已成立，而再娶王氏。基每拜见后母，感慕[2]呜咽，不能自持，家人莫忍仰视。王亦凄怆，不知所容，旬月求退，便以礼遣，此亦悔事也。

[**注释**]

1 思鲁：颜之推长子名。从舅：母亲的兄弟。

2 感慕：思念。

[译文]

思鲁他们的表舅父殷外臣，是位博学通达的读书人。他有两个孩子，叫殷基、殷谌，都已长大成人，殷外臣又娶了王氏为妻。殷基每当拜见后母时，因念及生母而失声痛哭，难以控制，家里人都不忍抬头看他。王氏也非常悲伤，不知如何是好，才过门十几天就要求退婚，殷家只好依照礼节将她送回娘家，这也是值得懊悔的事啊。

《后汉书》曰："安帝时，汝南薛包孟尝，好学笃行，丧母，以至孝闻。及父娶后妻而憎包，分出之。包日夜号泣，不能去，至被殴杖。不得已，庐于舍外，旦入而洒埽[1]。父怒，又逐之。乃庐于里门[2]，昏晨不废。积岁余，父母惭而还之。后行六年服，丧过乎哀[3]。既而弟子求分财异居，包不能止，乃中分其财；奴婢引[4]其老者，曰：'与我共事久，若不能使也。'田庐取其荒顿[5]者，曰：'吾少时所理[6]，意所恋也。'器物取其朽败者，曰：'我素所服[7]食，身口所安也。'弟子数破其产，还复赈给。建光[8]中，公车[9]特征，至拜侍中。包性恬虚，称疾不起，以死自乞。有诏赐告[10]归也。"

[注释]

1 埽：同"扫"。

2　里：里巷。

3　丧过乎哀：封建社会，如父母死，儿子要服丧三年，薛包服丧六年，所以说"丧过乎哀"。

4　引：取。

5　荒顿：荒废。

6　理：此处作"治"解。

7　服：用。

8　建光：汉安帝年号。

9　公车：汉代官署名。臣民上书和征召，都由公车接待。

10　赐告：汉制，官吏病满三月当免，天子特赐其保留官职，回家养病，称赐告。

[译文]

《后汉书》记载："汉安帝的时候，汝南有位叫薛包，字孟尝的人，他喜爱学习，行为诚实，母亲已去世，薛包以格外孝顺而闻名。后来他父亲娶了后妻，就憎恨薛包，让他分家别住。薛包日夜放声痛哭，不肯离开，以致被父亲用棍棒殴打。薛包不得已，在家门外搭了间小屋暂住，清晨就进家清扫房屋。父亲很生气，又赶他出门。薛包只好在巷子外搭了间茅屋暂住，但从不忘记早晚向父母问安。过了一年多，父母也感到羞愧，让他回家。父母死后，薛包守丧六年，远远超过了丧礼的要求。不久，弟弟要求分家产另过，薛包不能劝止，就把家产平均分配；奴婢，他都选年老体弱的，说：‘他们与我共事时间长，你使唤不了。’田地房屋要那荒废了的，说：‘年轻时经营过了，感情有所依恋。’器物要朽败了的，说：‘我平时用惯了。’弟弟几次败家，薛包屡次接济。建光年间，官府特地征聘他，官拜侍中之职，但薛包生性恬淡，声称有病，卧床不起，只求一死。朝廷只得下诏准他保留官职回家养病。”

治家第五

夫风化[1]者，自上而行于下者也，自先而施于后者也，是以父不慈则子不孝，兄不友则弟不恭，夫不义则妇不顺矣。父慈而子逆，兄友而弟傲，夫义而妇陵[2]，则天之凶民，乃刑戮之所摄[3]，非训导之所移也。

[注释]

1 风化：教育感化。

2 陵：通"凌"，欺侮。

3 摄：通"慑"，使人畏惧。

[译文]

教育感化的事，是从上向下推行，前人影响后人。因此，父亲不慈爱，子女就不会孝顺；哥哥不友爱，弟弟就不会恭敬；丈夫不仁义，妻子就不会和顺。父亲慈爱而子女忤逆，哥哥友爱而弟弟倨傲，丈夫仁义而妻凶悍，那就是天生的凶民，只有靠刑罚杀戮来使他们畏惧，而不是靠训导可加以改变的。

答怒废于家，则竖子之过立见[1]；刑罚不中，则民无所措手足[2]。治家之宽猛，亦犹国焉。

孔子曰："奢则不孙，俭则固[3]；与其不孙也，宁固。"又云："如有周公之才之美[4]，使骄且吝，其余不足观也已。"然则可俭而不可吝已。俭者，省约为礼之谓也；吝者，穷急不恤之谓也。今有施则奢，俭则吝；如能施而不奢，俭而不吝，可矣。

[注释]

1 竖子：未成年的人。

2 中：合适。措：安放。

3 孙：同"逊"，恭顺。固：鄙陋。

4 周公：姓姬，名旦。周文王之子。

[译文]

家庭内部取消体罚，孩子们的过失马上就会出现；刑罚施用不当，老百姓就不知如何是好，治家的宽严、标准也与治国相同。

孔子说："奢侈了就不恭顺，俭朴了就会鄙陋。与其不恭顺，宁可鄙陋。"孔子又说："假如有一个人有周公那样好的才能和美德，但他既骄傲又吝啬，那就不值得称道。"这么说来就应该节俭而不应该吝啬。节俭，是指合乎礼数的减省节约；吝啬，是指对穷困急难的人也不救济。现在肯施舍的却成为奢侈，讲节俭的就进入吝啬，如果能做到肯施舍而不奢侈，能节俭而不吝啬，那就太好了。

生民之本，要当稼穑[1]而食，桑麻以衣。蔬果之畜，园场之所产；鸡豚之善[2]，埘圈之所生。爰及栋宇器械，樵苏[3]脂烛，莫非种殖之物也。至能守其业者，闭门而为生之具以足，但家无盐井耳。今北土风俗，率能躬俭节用，以赡衣食；江南奢侈，多不逮焉。

[注释]

1 稼：播种谷物。穑：收获谷物。

2 善：通"膳"，饮食。

3 樵苏：做燃料用的柴草。

[译文]

人民生活的根本，就是要靠春播秋收获取食物，种桑纺麻得到衣服。蔬菜水果的聚积，是靠果园菜圃里出产；鸡肉猪肉等美味，是靠鸡窝猪圈里畜养。至于房屋器用、柴草蜡烛，没有一样不是靠耕种养殖的东西制造的。那些最善于管理家业的人，不出门而各种维持生计的物品已经充足了，只不过家里还缺一口产盐的井罢了。现在北方地区的风俗，一般能够做到减省节约，以保障衣食之用；江南地区风气奢侈，在节俭持家方面大多赶不上北方。

梁孝元世，有中书舍人[1]，治家失度，而过严刻。妻妾遂共货刺客，伺醉而杀之。

世间名士，但务宽仁；至于饮食饷馈，僮仆减损，施惠然诺[2]，妻子节量，狎侮宾客，侵耗乡党[3]，此亦为家之巨蠹[4]矣。

齐吏部侍郎房文烈，未尝嗔怒，经霖雨绝粮，遣婢籴米，因尔逃窜，三四许日，方复擒之。房徐曰："举家无食，汝何处来？"竟无捶挞。尝寄人宅[5]，奴婢彻屋[6]为薪略尽，闻之颦蹙[7]，卒无一言。

[注释]

1 中书舍人：官名，魏晋时于中书省内置中书通事舍人，掌传诏命。南朝设置，至梁，称中书舍人，任起草诏令之职，参与机密，权力日重。

　　2　然诺：应允承诺。

　　3　乡党：泛指乡里。

　　4　蠹dù：本指蛀虫，这里指危害家庭的人或事。

　　5　寄：借。

　　6　彻：通"撤"，意为拆毁。

　　7　颦pín蹙cù：皱眉蹙额，不快乐的样子。

[译文]

　　梁朝孝元帝的时候，有一位中书舍人，治家没有一定的法度，待家人过于严厉苛刻。妻妾就共同买通刺客，趁他喝醉时杀了他。

　　世上的一些名士，只知讲究宽厚仁慈，以致款待、馈赠客人的食品，被童仆暗中克扣，承诺接济亲友的东西，由妻子把持控制，甚至发生戏弄侮辱宾客、侵犯乡里的事，这也是治家的一大弊端。

　　齐朝的吏部侍郎房文烈，从不生气发怒，一次连续几天降雨家中断粮，房文烈派一名婢女买米，婢女乘机逃跑了，过了三四天，才把她抓获。房文烈只是语气平缓地对她说："一家人都没吃的了，你跑哪里去啦？"竟然没有痛打。房文烈曾经把房子借给别人居住，那家奴婢们拆房子当柴烧，差不多要拆光了，他听到后只是皱了皱眉头，始终没说一句话。

　　裴子野有疏亲故属饥寒不能自济者，皆收养之；家素清贫，时逢水旱，二石米为薄粥，仅得遍焉，躬自同之，常无厌色。邺下有一领军[1]，贪积已甚，家僮八百，誓满一千；朝夕每人肴膳，以十五钱为率，遇有客旅，更无以兼。后坐事伏法，籍其家产，麻鞋一屋，弊衣数库，其余财宝，不可胜言。南阳有人，为生奥博[2]，性殊俭吝，冬至后女婿谒之，乃设一铜瓯[3]酒，数脔[4]獐肉；婿恨其单率，一举尽之。主人愕然，俯仰[5]命益，如此者再；退而责其女曰："某郎好酒，故汝常[6]贫。"及其死后，诸子争财，兄遂杀弟。

[**注释**]

1 领军：领军大将军的省称，为高级官。

2 奥博：指深藏广蓄，积累厚。

3 瓯：盛酒器。

4 脔luán：切成块的肉。

5 俯仰：周旋，应付。

6 郎：六朝人呼婿为郎。常：长。

[**译文**]

　　裴子野这人，凡是他的远亲旧属饥寒而无力自救者，他都收养，他家本来就清寒贫穷，碰上水旱灾害，用二石米煮成稀粥，也只够每人都喝上。他与大家一道喝粥，从来没有显出埋怨的神情。邺下有一位大将军，过于贪财，家中童仆已有八百人，发誓要凑满一千。早晚每人的饭菜，以十五文钱为标准，遇到有客人来，也不增加一点。后来他被法办，朝廷派人没收他的家产时，发现他麻鞋就有一屋子，烂衣服也都堆满库房，其余的财宝多得无法说。南阳有个人，家财积累富厚，而秉性却特别吝啬。有一年冬至后，女婿去拜望他，他只摆出一小铜瓯酒和几块獐子肉来招待。女婿怪他简慢，一下子就把酒肉吃喝光了。这位南阳人感到惊愕，只好对付着叫仆人添上一点，就这样添了两次，后来他责备女儿说：“你男人爱喝酒，所以你老受穷。”到他死后，几个儿子争夺家财，哥哥竟然把弟弟给杀了。

　　妇主中馈[1]，惟事酒食衣服之礼耳。国不可使预政，家不可使干蛊[2]。如有聪明才智，识达古今，正当辅佐君子[3]，助其不足，必无牝鸡[4]晨鸣，以致祸也。

　　江东妇女，略无交游。其婚姻之家[5]，或十数年间，未相识者，唯以信命赠遗，致殷勤焉。邺下风俗，专以妇持门户[6]，争讼曲直，造请逢迎，车乘填街衢，绮罗盈府寺，代子求官，为夫诉屈。此乃恒、代之遗风乎？南间贫素，皆事外饰，车乘衣服，必贵齐整；家人妻子，不免饥寒。河北人事[7]，多由内政[8]，绮罗金翠，不可废阙，羸马悴奴，仅充而已；倡合[9]之礼；或尔汝[10]之。

河北妇人，织纴组紃[11]之事，黼黻[12]锦绣罗绮之工，大优于江东也。

[**注释**]

1 中馈：指妇女在家中主持饮食等事。

2 干蛊gǔ：主事。

3 君子：古时妻子对丈夫的敬称。

4 牝鸡：母鸡。

5 婚姻之家：亲家。

6 持门户：当家的意思。

7 人事：交际应酬。

8 内政：家庭内部事务，这里借指主持家务的妻子。

9 倡合：夫唱妇和。

10 尔汝：指夫妻间互相轻贱。

11 纴组紃：纴为缯帛，组为用丝织成具有纹采的丝带，紃xún：饰履的圆形饰带。

12 黼fǔ黻fú：古代礼服上所绣的精致纹路。

［译文］

　　妇女主持家务，不过是操办有关酒食衣服等礼仪方面的事罢了。就国家而言，不可让她们参与国事；就家庭而言，不可让她们主持家政。如果真有聪明能干、洞察古今的妇女，应该辅佐丈夫，以弥补他的不足，决不要学母鸡在清晨打鸣，招致灾祸。

　　江东的妇女，很少对外交往，她们娘家与婆家双方，有的十几年间未曾见面，只是遣人问候，互赠礼品来表示各自的深厚情意。邺下的风俗，是专以妇女当家。她们与外人争辩是非，应酬交际，她们乘的车马挤满街道，丝绸衣裙充盈官家的府衙，有的替儿子求官，有的为丈夫叫屈，这就是鲜卑遗风吗？南方的贫寒人家，都注意修饰外表，车马衣服，以整齐为贵，而家中的妻子儿女，却难免挨饿受冻。河北一带的人事交际，多由妻子出面，因而不能没有丝绸衣裙金银翡翠，那瘦弱的马匹和憔悴的奴仆，不过是凑数而已。至于夫唱妇随的礼节恐怕已被互相轻贱所代替了。

　　河北一带的妇女，论纺织、刺绣一类的手艺，要比江东的妇女强得多。

　　太公曰：“养女太多，一费也。”陈蕃曰：“盗不过五女之门。”女之为累，亦以深矣。然天生蒸[1]民，先人传体，其如之何？世人多不举女，贼行骨肉，岂当如此，而望福于天乎？吾有疏亲，家饶妓媵，诞育将及，便遣阍竖[2]守之。体有不安，窥窗倚户，若生女者，辄持将去[3]；母随号泣，使人不忍闻也。

[**注释**]

1 蒸：众多。

2 阍hūn竖：守门童仆。

3 持：抢。持将去：指抢走扔掉。

[**译文**]

姜太公说："女儿养得太多，实在是种耗费。"陈蕃说："盗贼也不光顾有五个女儿的家庭。"女儿带来的拖累，也太深重了。但天生众民，先辈传下的骨肉，你拿她怎么办呢？一般人大多不愿抚养女儿，生下的亲骨肉也要加以残害，难道这样干，还期望老天赐福给你吗？我有一个远亲，家中多有姬妾，有谁产期将至时，就派看门人去监守。一旦产妇身体不舒服，就从门窗往里窥视，如果生下的是女儿，就立即抱走扔掉。母亲随之号啕大哭，真让人不忍心听下去。

妇人之性，率宠子婿而虐儿妇。宠婿，则兄弟[1]之怨生焉；虐妇，则姊妹[2]之谗行焉。然则女之行留[3]，皆得罪于其家者，母实为之。至有谚云："落索阿姑[4]餐。"此其相报也。家之常弊，可不诫哉！

[注释]

1 兄弟：指女儿的兄弟。

2 姊妹：指儿子的姊妹。

3 行：指女儿出嫁。留：指娶进儿媳妇。

4 落索：冷落萧索。阿姑：指婆婆。

[译文]

女人的秉性，大多宠爱女婿而虐待儿媳。宠爱女婿，则儿子的不满就由此产生；虐待儿媳，则女儿的谗言就随之而至。那么不论是嫁女儿还是娶儿媳，都要得罪家人，这实在是当母亲的造成的。以至有谚语说："婆婆吃饭好冷清。"这是她的报应啊。这是家庭中经常出现的弊端，能不警戒吗！

婚姻素对[1]，靖侯[2]成规。近世嫁娶，遂有卖女纳财，买妇输绢，比量父祖，计较锱铢[3]，责多还少，市井[4]无异。或猥婿在门，或傲妇擅室，贪荣求利，反招羞耻，可不慎欤！

［注释］

1　素对：清寒的配偶。素，寒素。

2　靖侯：即颜之推九世祖颜含。

3　锱zī铢zhū：锱与铢均为古代很小的计量单位。比喻极微小的数量。

4　市井：古代做买卖之处，也用于指商人。

［译文］

男女婚配要选择清寒人家，这是先祖靖侯立下的规矩。近来嫁女儿娶媳妇，竟然有卖女儿捞钱财，用财礼买媳妇的。为子女选配偶时，比量算计对方父辈祖辈的权势地位，斤斤计较对方财礼的多少；女方要求得多，男方应允得少，与商人无异。结果，招的女婿猥琐鄙贱，娶来的媳妇凶悍专权。他们贪荣求利，反而招来羞耻，对此能够不慎重吗！

借人典籍，皆须爱护，先有缺坏，就为补治，此亦士大夫百行[1]之一也。济阳江禄，读书未竟，虽有急速，必待卷束[2]整齐，然后得起，故无损败，人不厌其求假焉。或有狼藉几案，分散部帙[3]，多为童幼婢妾之所点[4]污，风雨虫鼠之所毁伤，实为累德。吾每读圣人之书，未尝不肃敬对之；其故纸有《五经》词义，及贤达姓名，不敢秽用[5]也。

吾家巫觋祷请[6]，绝于言议；符书[7]章醮[8]，亦无祈焉，并汝曹所见也。勿为妖妄之费。

[注释]

1 百行：封建社会士大夫要求自己做到的多种善行，共有百事，称之为百行。

2 卷束：南北朝时，书籍是抄写在绢帛上，然后卷成一卷并束起收藏，称之为书卷。

3 部：古代书籍按内容分为若干门类称部，引申后称一种书为一部书。帙：古人用于装书卷的书套。

4 点：通"玷"。

5 秽用：指把书卷用于覆瓿、糊窗等之用。

6 巫觋xí：旧时称女巫为巫，男巫为觋。祷请：祈求神佛。

7 符书：道士用墨笔或朱笔在纸上画的用于驱鬼召神或治病延年的符，属骗人的迷信活动文书。

8 章：道士消灾之法。醮jiào：道士设坛祈祷。

[译文]

借别人的书籍，都应当爱护，借来时如有缺坏，就替别人修补好，这也是士大夫百种善行之一啊。济阳的江禄，在读书未读完时，即使碰上急事，也一定要把书卷束整齐，然后才起身，所以他的书没有损坏的，别人也不讨厌他来借书。有的人把书乱七八糟地堆放在桌上，那些分散的书卷，大多被孩童、婢女、侍妾弄脏，或被风雨侵蚀、被虫鼠蛀咬所毁伤，实在有损道德。我每次读圣人的书，都严肃恭敬地对待它们。那些古书上有《五经》的文义及贤达的姓名，可不敢用在污秽的地方呀。

我家从不提请巫婆神汉求鬼神消灾赐福，也不祈求道士用符书作法，这些都是你们看到的。可不要为这类妖妄之事破费。

风操第六

　　吾观《礼经》，圣人之教：箕帚匕箸[1]，咳唾唯诺，执烛沃盥，皆有节文[2]，亦为至矣。但既残缺，非复全书；其有所不载，及世事变改者，学达君子，自为节度，相承行之，故世号士大夫风操。而家门颇有不同，所见互称长短；然其阡陌[3]，亦自可知。昔在江南，目能视而见之，耳能听而闻之；蓬生麻中，不劳翰墨[4]。汝曹生于戎马之间，视听之所不晓，故聊记录，以传示子孙。

[**注释**]

1 箕jī帚：畚箕和扫帚。匕箸zhù：匙和筷。

2 节文：节制修饰。

3　阡陌：此指途径。

4　翰墨：可能是绳墨之误。绳墨，木匠画直线用的工具。

[译文]

我看那《礼经》，上面有圣人的教诲：为长辈清扫秽物时该怎样使用畚箕扫帚，进餐时该怎样选择匙子、筷子，在长辈面前该是怎样一种行为姿态，酒席宴会上该有些什么规矩，服侍长辈洗手又该如何进行，都有一定的节制规范，说得也十分周详。但此书已经残缺，不再是全本；有些礼仪规范，书上也未记载，有些则需根据世事的变化做相应调整，博学通达的君子，自己去权衡度量，递相承受而推行之，所以人们就把这些礼仪规范称为士大夫风操。然而各个家庭自有不同，对所见到的礼仪规范看法不同，但它们的大致路径还是清楚的。我过去在江南的时候，对这些礼仪规范耳闻目睹，早已深受其熏染，就像蓬蒿生长在麻地之中，不用规范也长得很直一样。你们生长在战乱年代，对这些礼仪规范当然是看不见也听不到的，所以我姑且把它们记录下来，以此传示子孙后代。

《礼》曰："见似目瞿[1]，闻名心瞿。"有所感触，恻怆心眼；若在从容平常之地，幸须申其情耳。必不可避，亦当忍之。犹如伯叔兄弟，酷类先人，可得终身肠断，与之绝耶？又："临文不讳，庙中不讳，君所无私讳。"益知闻名，须有消息[2]，不必期于颠沛[3]而走也。梁世谢举，甚有声誉，闻讳必哭，为世所讥。又有臧逢世，臧严之子也，笃学修行，不坠门风。孝元经牧江州，遣往建昌督事，郡县民庶，竞修笺书，朝夕辐辏[4]，几案[5]盈积，书有称"严寒"者，必对之流涕，不省取记[6]，多废公事，物情[7]怨骇，竟以不办而还。此并过事也。

近在扬都，有一士人讳审，而与沈氏交结周厚，沈与其书，名而不姓，此非人情也。

凡避讳者，皆须得其同训[8]以代换之：桓公名白，博有五皓[9]之称；厉王名长，琴有修短之目。不闻谓布帛为布皓，呼肾肠为肾修也。梁武小名阿练，子孙皆呼练为绢；乃谓销炼物为销绢物，恐乖其义。或有讳云者，呼纷纭为纷烟；有讳桐者，呼梧桐树为白铁树，便似戏笑耳。

[**注释**]

1 瞿：惊动不安的样子，恭谨的样子。

2 消息：这时是斟酌的意思。

3 颠沛：此处形容听闻先人名讳后立即趋避的狼狈样。

4　辐辏：集中，聚集。车轴集中于轴心，此喻信函聚集于官署。

5　几案：案桌。这里作文书档案等的代称。

6　省：察看，此指观看，阅览。记：公牍；信札。

7　物情：人情。古代称人为物。

8　同训：意思相同或相近的词。训，指词义解释。

9　博：博戏，旧时一种棋局。五皓：即五白，古代赌博之戏，五子全白。

[译文]

《礼记》中说："看见与过世父母相似的容貌，听到与过世父母相同的名字，都会心跳不安。"这是因为有所感触，引发了内心的哀痛。若是在气氛和谐的地方发生这类事，可以把这种感情表达出来。遇到实在无法回避的，也应该忍一忍。就比如自己的叔伯兄弟，相貌有酷似过世父母的，难道你能因此而一辈子伤心断肠，与他们绝交吗？《礼记》中还说过："写文章时不用避讳，在宗庙祭祀不用避讳，在国君面前不避私讳。"这就让我们进一步明白了在听到先父母的名字时，应该先斟酌一下自己应取的态度，不一定非得立马窘迫趋避不可。梁朝的谢举，很有声誉，但听到别人称先父母的名字就要哭，引得世人讥笑。还有一位臧逢世，是臧严的儿子，其人爱好学习，修养品行，不失书宦人家的门风。梁元帝任江州刺史时，派他到建昌督促公事，当地黎民百姓纷纷写信来函，信函集中到官署，堆得案桌满满的。这位臧逢世在处理公务时，凡见信函中出现"严寒"一类字样，必然对之掉泪，不再察看回复，因此经常耽误公事。人们对此既不满又诧异，他最终因办事不力被召回。以上所举都是些避讳不当的例子。

最近在扬州城，有一位读书人忌讳"审"字，他与一位姓沈的人交情深厚，姓沈的人给他写信，落名时只写名不写姓，这就不近人情了。

现在凡要避讳的字，都得用它的同义词来替换：齐桓公名叫小白，所以"五白"这种博戏就有了"五皓"这种称呼；淮南厉王名长，所以"人性各有长短"就说成"人性各有修短"。但还未听说过把"布帛"称作"布皓"，把"肾肠"称作"肾修"的。梁武帝的小名叫阿练，所以他的子孙都把"练"称作"绢"，然而把"销炼"物品称为"销绢"物品，恐怕就有悖于这个词的含义了。还有那忌讳"云"字的人，把"纷纭"叫作"纷烟"；忌讳"桐"字的人，把梧桐树称作白铁树，这就像在开玩笑了。

周公名子曰禽，孔子名儿曰鲤，止在其身，自可无禁。至若卫侯、魏公子[1]、楚太子，皆名虮虱；长卿名犬子，王修名狗子，上有连及，理未为通，古之所行，今之所笑也。北士多有名儿为驴驹、豚子者，使其自称及兄弟所名，亦何忍哉？前汉有尹翁归，后汉有郑翁归，梁家亦有孔翁归，又有顾翁宠；晋代有许思妣[2]、孟少孤，如此名字，幸当避之。

今人避讳，更急于古。凡名子者，当为孙地[3]。吾亲识中有讳襄、讳友、讳同、讳清、讳和、讳禹，交疏[4]造次，一座百犯，闻者辛苦[5]，无憀赖[6]焉。

昔司马长卿慕蔺相如，故名相如，顾元叹慕蔡邕[7]，故名雍，而后汉有朱伥字孙卿[8]，许暹字颜回，梁世有庚晏婴、祖孙登，连古人姓为名字，亦鄙事也。

[注释]

1　魏公子：应为韩公子。

2　妣 bǐ：指母亲，后专指亡母。

3　为孙地：为孙子辈留有余地。

4　交疏：交往不深，交情疏浅。

5　辛苦：辛酸悲苦。

6　无憀 liáo 赖：无所依从。

7　蔡邕：东汉文学家，书法家。

8　孙卿：即荀卿（荀子）。

[**译文**]

周公给儿子取名为禽，孔子给儿子取名为鲤，只限于他们本身，自可不必管它。至于像卫侯、韩公子、楚太子的名字都叫虮虱；司马长卿的名字叫犬子，王修的名字叫狗子，这就牵涉他们的父母，于理不通了。古人就是这么称呼的，到今天就成了笑柄。北方有许多人给儿子取名为驴驹、猪子，如果让他们这样自称或让他兄弟这样称呼他，又怎么忍心呢？前汉有尹翁归，后汉有郑翁归，梁家有孔翁归，又有顾翁宠；晋代有许思妣、孟少孤，像这类名字，尽力避免为好。

现在的人避讳，比古人更严格。那些为儿子取名字的人，应当为他们的孙子留点余地。我的亲属朋友中有讳"襄"字的、讳"友"字的、讳"同"字的、讳"清"字的、讳"和"字的、讳"禹"字的。大家在一起时，交往比较疏远的人一时仓促，讲出话来往往冒犯众人，听者感到伤心，说者会觉得无所适从。

从前司马长卿钦慕蔺相如，所以就改名为相如，顾元叹钦慕蔡邕，所以就取名为雍，而后汉有朱伥字孙卿，许暹字颜回，梁朝有庾晏婴、祖孙登。这些人把古人的姓与名都作为自己的名字，也太卑贱了。

昔刘文饶不忍骂奴为畜产[1]，今世愚人遂以相戏，或

有指名为豚犊[2]者，有识傍观，犹欲掩耳，况当之者乎？

近在议曹[3]，共平章[4]百官秩禄，有一显贵，当世名臣，意嫌所议过厚。齐朝有一两士族文学之人，谓此贵曰："今日天下大同[5]，须为百代典式，岂得尚作关中[6]旧意？明公[7]定是陶朱公[8]大儿耳！"彼此欢笑，不以为嫌。

[注释]

1 畜产：骂人语，畜生。

2 豚tún：小猪。犊：小牛。

3 议曹：官署名，掌言职。

4 平章：商量处理。

5 大同：指隋已灭陈，天下统一。

6 关中：北朝时，西魏都城设于关中，此处代指西魏。

7 明公：贤明通达事理的人。

8 陶朱公：即春秋时越国大夫范蠡。

[译文]

从前，刘文饶不忍心奴仆被骂为畜生，现在那些愚人却拿这类字眼互相开玩笑，还有指名道姓称别人为猪儿牛儿的，有见识的旁观者，都恨不得把耳朵捂住，何况那当事人呢？

最近我在议曹参加商讨百官的俸禄标准问题，有一位显贵，是当今名臣，认为大家商议的标准过于优厚了。有一两位原属齐朝士族的文学侍从便对这位显贵说："现在天下统一了，我们应该给后世树立典范，哪能再翻老皇历呢？您如此吝啬，一定是陶朱公的大儿子吧！"说罢彼此欢笑，竟不感到厌恶。

　　昔侯霸之子孙，称其祖父曰家公；陈思王[1]称其父为家父，母为家母，潘尼称其祖曰家祖。古人之所行，今人之所笑也。今南北风俗，言其祖及二亲，无云家者；田里猥人[2]，方有此言耳。凡与人言，言己世父[3]，以次第称之，不云家者，以尊于父[4]，不敢家也。凡言姑姊妹女子子[5]：已嫁，则以夫氏称之；在室[6]，则以次第称之。言礼成他族[7]，不得云家也。子孙不得称家者，轻略之也。蔡邕书集，呼其姑姊为家姑家姊，班固书集，亦云家孙，今并不行也。

　　凡与人言，称彼祖父母、世父母、父母及长姑，皆加尊字，自叔父母已下，则加贤字，尊卑之差也。王羲之书，称彼之母与自称己母同，不云尊字，今所非也。

[**注释**]

1 陈思王：指曹植。

2　田里：农村里。猥人：鄙俗之人。

3　世父：伯父。

4　尊于父：伯父较父亲年长，故云。

5　女子子：女儿。

6　在室：女子未出嫁。

7　礼成他族：女子出嫁到婆家。

［译文］

从前侯霸的子孙称其祖父为家公；曹植称他的父亲为家父，母亲为家母；潘尼称他的祖父为家祖。古代的人就是这么称呼的，在今天的人看来就是笑柄了。现在南北各地风俗，提到祖父母及双亲，没有冠之以"家"的；只有山村野夫，才会这样称呼。凡是与别人谈话，提到自己的伯父，就按父辈排行次序称呼。不冠以"家"字的原因，是因为伯父尊于父亲，不敢称"家"。凡是说到自己的姑表姊妹，已经出嫁的，就以她丈夫的姓氏称呼她；还未出嫁的，就按兄弟姊妹的排行次序称呼她。因为女子嫁到婆家，不能称"家"。对于子孙不可称"家"的原因，是为了表示对他们的轻视。蔡邕的书籍中，称他的姑、姊为家姑、家姊；班固的书籍中，也说到家孙；现在都不这样称呼了。

凡与人言谈，提到对方的祖父母、伯父母、父母及长姑，都在称呼前面加"尊"字，从叔父母以下，则在称呼前面加"贤"字，这是为了表示尊卑差别。王羲之的信，称呼别人的母亲和称呼自己的母亲时都一样，前面不加尊字，今人认为不该如此。

南人冬至岁首，不诣丧家；若不修书，则过节束带[1]以申慰。北人至岁[2]之日，重行吊礼；礼无明文，则吾不取。南人宾至不迎，相见捧手而不揖[3]，送客下席而已；北人迎送并至门，相见则揖，皆古之道也，吾善其迎揖。

[**注释**]

1 束带：整饰衣冠，束紧衣带。表示恭敬。

2 至岁：指冬至、岁首二节。

3 揖：俯身为礼。

[**译文**]

南方人在冬至、岁首这两个节日中，不到办丧事的人家去；如果不写信致哀，就过了节再穿戴整齐亲往吊唁，以示慰问。北方人在冬至、岁首这两个节日中，特别重视吊唁活动；这在礼仪上没有明文记载，我是不赞同的。南方人不兴迎接客人，见面时只是拱手而不弯腰，送客仅仅离开座席而已；北方人迎送客人都到门口，相见时躬身为礼，这些都是古代的遗风，我赞许他们这种待客之礼。

昔者，王侯自称孤、寡、不穀，自兹以降，虽孔子圣师，与门人言皆称名也。后虽有臣、仆之称，行者盖亦寡焉。江南轻重[1]，各有谓号[2]，具诸《书仪》；北人多称名者，乃古之遗风，吾善其称名焉。

[注释]

1 轻：地位低。重：地位高。
2 号：别名。

[译文]

过去，王公诸侯都自称孤、寡、不穀，从那以后，纵使是孔子那样的至圣先师，与门人谈话时也都自称名字。后来虽然有人自称臣、仆，但这样做的人不多。江南的人不论地位高低，都各有称谓，这都记载在《书仪》中。北方人大多自称名字，这是古人的遗风，我赞许他们自称名字的做法。

言及先人，理当感慕，古者之所易，今人之所难。江南人事不获已，须言阀阅[1]，必以文翰，罕有面论者。北人无何[2]便尔话说，及相访问。如此之事，不可加于人也。人加诸己，则当避之。名位未高，如为勋贵所逼，隐忍方便，速报取了；勿使烦重，感辱祖父。若没[3]，言须及者，则敛容肃坐，称大门中[4]，世父、叔父则称从兄弟门中，兄弟则称亡者子某门中，各以其尊卑轻重为容色之节，皆变于常。若与君言，虽变于色，犹云亡祖亡伯亡叔也。吾见名士，亦有呼其亡兄弟为兄子弟子门中者，亦未为安贴也。北土风俗，都不行此。太山[5]羊侃，梁初入南；吾近至邺，其兄子肃访侃委曲[6]，吾答之云："卿从门中在梁，如此如此。"肃曰："是我亲[7]第七亡叔。非从也。"祖孝徵在坐，先知江南风俗，乃谓之云："贤从弟门中，何故不解？"

[注释]

1 不获已：不得已，没有办法。阀阅：本作伐阅。泛指门第、家世。

2 无何：也说无故。

3 没：去世。

4 大门中：对别人称自己已故的祖父和父亲。以下所言"门中"，都是称家族中的死者。

5 太山：泰山。

6 委曲：事情的始末经过。

7 亲：汉魏至隋，习惯于亲戚称谓之上加"亲"字，以示其为直系的或最亲近的亲戚关系。

[译文]

　　说到先人的名字，按理应当产生哀念之情，这在古人是很容易的，而今天的人却感到困难。江南人除非事出不得已，否则，在与别人谈及家世的时候，一定是以书信往来，很少当面谈及的。北方人无缘无故想找人聊天，就会到家相访，那么，像当面谈及家世这样的事，就不可施加于别人。如果别人把这样的事施加于你，你就应该设法回避。你们名声地位都不高，如果是被权贵所逼迫而必须言及家世，你们可以隐忍敷衍一下，尽快结束谈话；不要烦琐重复，以免有辱自家祖辈父辈。如果自己的长辈已经去世，谈话中必须提到他们时，就要表情严肃，端正坐姿，口称"大门中"，对伯父、叔父则称"从兄弟门中"，对已过世的兄弟，则称兄弟的儿子"某某门中"，并且要各自依照他们的尊卑轻重，来确定自己表情上应掌握的分寸，与平时的表情要有所不同。如果是同国君谈话提及自己过去的长辈，虽然表情上也有所改变，但还是可以说"亡祖、亡伯、亡叔"等称谓。我看见一些名士，与国君谈话时，也有称他的亡兄、亡弟为兄之子"某某门中"或弟之子"某某门中"的，这是不够妥帖的。北方的风俗，就完全不是这样。泰山的羊侃，是在梁朝初年到南方来的。我最近到邺城，他侄儿羊肃来访我，问及羊侃的具体情况，我答道："您从门中在梁朝时，具体情况是如何如何。"羊肃说："他是我的亲第七亡叔，不是堂叔。"祖孝徵当时也在坐，他早就知道江南的风俗，就对羊肃说："就是指贤从弟门中，您怎么不理解呢？"

古人皆呼伯父叔父，而今世多单呼伯叔。从父[1]兄弟姊妹已孤，而对其前，呼其母为伯叔母，此不可避者也。兄弟之子已孤，与他人言，对孤者前，呼为兄子弟子，颇为不忍；北土人多呼为侄。案：《尔雅》《丧服经》《左传》，侄虽名通男女，并是对姑之称。晋世已来，始呼叔侄；今呼为侄，于理为胜也。

[注释]

1 从父：伯父、叔父的通称。

[译文]

古代人都称呼伯父、叔父，而现在多只单称伯、叔。叔伯兄弟、姊妹死去父亲后，在他们面前，称他们的母亲为伯母、叔母，这是无法回避的。兄弟的儿子死了父亲，你与别人谈话时，当着他们的面，称他们为兄之子或弟之子，颇不忍心；北方大多数称他们为侄。按：在《尔雅》《丧服经》《左传》诸书中，侄这个称呼虽然男女都可用，但都是对姑而言。晋代以来，才开始称"叔侄"。现在统称为侄，从道理上说是恰当的。

别易会难，古人所重；江南饯送，下泣言离。有王子侯[1]，梁武帝弟，出为东郡，与武帝别，帝曰："我年已老，与汝分张[2]，甚以恻怆。"数行泪下。侯遂密云[3]，赧然而出。坐此被责，飘飖舟渚，一百许日，卒不得去。北间风俗，不屑此事，歧路言离，欢笑分首[4]。然人性自有少涕泪者，肠虽欲绝，目犹烂然；如此之人，不可强责。

[**注释**]

1 王子侯：皇室所封列侯。《汉书》中有王子侯表。

2 分张：分别的意思。

3 密云：无泪，指故作悲凄之态而不掉泪。

4 分首：分手。"首""手"同音通用。

[**译文**]

分别时容易，再见面就困难了，所以，古人对离别很重视。江南在为人饯行时，谈到分离就掉眼泪。有一位王子侯，是梁武帝的弟弟，将到东边的郡去任职，前来与帝告别。武帝对他说："我年纪已经老了，与你分别，真感到伤心。"说完流下几行眼泪。王子侯装出悲伤的样子，却挤不出眼泪，只好含羞而去。他因这件事被指责，在江边飘荡了一百多天，最终还是不能离开。北方的风俗，就不看重这种事，在岔路口谈起别离，都是欢笑着分手。当然，本来就有一些天性很少流泪的人，即使痛断肝肠，眼睛仍是闪闪发光；像这样的人，就不可勉强地去责备他。

凡亲属名称，皆须粉墨，不可滥也。无风教[1]者，其父已孤，呼外祖父母与祖父母同，使人为其不喜闻也。虽质于面，皆当加外以别之；父母之世叔父[2]，皆当加其次第以别之；父母之世叔母，皆当加其姓以别之；父母之群从[3]世叔父母及从祖父母，皆当加其爵位若姓以别之。河北士人，皆呼外祖父母为家公家母[4]；江南田里间亦言之。以家代外，非吾所识。

[**注释**]

1　风教：风俗教化。此处有教养之意。

2　世叔父：世父和叔父。世父，指伯父。

3　群从：指诸子侄辈。

4　家公家母：母之父母。

[**译文**]

凡是亲属的名称，都应该有所分辨，不可滥用。缺乏教养的人，在祖父祖母去世后，对外祖父外祖母的称呼与祖父祖母一个样，教人听了不顺耳。虽是当着外公外婆的面，在称呼上都应加"外"字以示区别；父母亲的伯父、叔父，都应当在称呼前加上排行顺序以示区别；父母亲的伯母、叔母，都应当在称呼前加上他们的姓以示区别；父母亲的子侄辈的伯父、叔父、伯母、叔母以及他们的从祖父母，都应当在称呼前加上他们的爵位和姓以示区别。河北的男子，都称外祖父、外祖母为家公、家母；江南的乡间也是这样称呼。用"家"字代替了"外"字，这我就不明白了。

凡宗亲世数，有从父[1]，有从祖[2]，有族祖[3]。江南风俗，自兹已往，高秩[4]者，通呼为尊；同昭穆[5]者，虽百世犹称兄弟；若对他人称之，皆云族人。河北士人，虽三二十世，犹呼为从伯从叔。梁武帝尝问一中土[6]人曰："卿北人，何故不知有族？"答云："骨肉易疏，不忍言族耳。"当时虽为敏对，于礼未通。

[**注释**]

1 从父：伯父、叔父的通称。

2 从祖：父亲的堂伯叔。

3 族祖：祖父的堂伯叔。

4 秩：官吏的俸禄。引申指官吏的职位或品级。

5 昭穆：古代宗法制度，宗庙或墓地的辈次排列，后亦泛指家族的辈分。这里指同一个祖宗。

6　中土：中原，汉以后以今河南一带为中土。

［译文］

宗族亲属的世系辈数，有从父，有从祖，有族祖。江南的风俗，由此而往，对官职高的，通称为尊，辈分相同的，虽然隔了一百代，仍然称为兄弟；如果对外人介绍，则都称作族人。河北地区的男子，虽然已隔二三十代，仍然称从伯从叔。梁武帝曾经问一位中原人说："你是北方人，为什么不知道有'族'这种称呼呢？"他回答说："骨肉的关系容易疏远，所以我不忍心用'族'来称呼。"这在当时虽然是一种机敏的回答，但从道理上却是讲不通的。

吾尝问周弘让曰："父母中外[1]姊妹，何以称之？"周曰："亦呼为丈人[2]。"自古未见丈人之称施于妇人也。吾亲表所行，若父属者，为某姓姑；母属者，为某姓姨。中外丈人之妇，猥俗呼为丈母[3]，士大夫谓之王母、谢母[4]云。而《陆机集》有《与长沙顾母书》，乃其从叔母也，今所不行。

齐朝士子，皆呼祖仆射[5]为祖公，全不嫌有所涉也，乃有对面以相戏者。

［注释］

1　中外：一称中表，即内外之意。舅父之子为内兄弟，姑母之子为外兄弟。

2　丈人：这里指对亲戚长辈的通称。

3　丈母：这里指父辈的妻子。

4　王母、谢母：此为泛指，即王姓母、谢姓母之意。

5　仆射yè：职官名。

［译文］

我曾经问周弘让说："父母亲中的表姊妹，如何称呼？"周弘让回答说："也把她们称作丈人。"自古以来没有见过把妇人叫丈人的。我的亲表们所奉行的称呼是：如果是父亲的中表姊妹，就称她为某姓姑；如果是母亲的中表姊妹，就称她为某姓姨。中表长辈的妻子，俚俗称她们为丈母，士大夫则称她们作王母、谢母等。而《陆机集》中有《与长沙顾母书》，顾母就是陆机的从叔母，现在不这样称呼了。

齐朝的士大夫们，都称祖斑仆射为"祖公"，完全不顾这样称呼会牵涉到对自家祖父的称呼，甚至还有当祖斑面用这种称呼开玩笑的。

古者，名以正体，字以表德，名终则讳之，字乃可

以为孙氏。孔子弟子记事者，皆称仲尼；吕后微时，尝字高祖为季；至汉爰种[1]，字其叔父曰丝[2]；王丹与侯霸子语，字霸为君房；江南至今不讳字也。河北士人全不辨之，名亦呼为字，字固呼为字。尚书王元景兄弟，皆号名人，其父名云，字罗汉，一皆讳之，其余不足怪也。

[**注释**]

1 爰种：西汉名臣爰盎之侄。

2 丝：爰盎，字丝。

[**译文**]

古时候，名是指本身，字用来显示德行。人死之后，他的名要避讳，字可以作为子孙辈的氏。孔子的弟子在记录其言行时，直接说"仲尼"；吕后在作为百姓时，曾直接称呼汉高祖为"季"；汉人爰种，也直称他叔父的字为"丝"；王丹与侯霸的儿子说话，称呼侯霸的字为"君房"。江南地区到今天也不避讳称呼字。而黄河以北的地方士人就完全不加以辨别了，名也说是字，字自然也是说字。尚书王元景兄弟都号称名人，其父亲名云字罗汉，他们对这全都避讳，其他人对此不能分辨，也就不奇怪了。

《礼·间传》云："斩缞[1]之哭，若往而不反；齐缞[1]之哭，若往而反；大功[1]之哭，三曲而偯[2]；小功缌麻[1]，哀容可也，此哀之发于声音也。"《孝经》云："哭不偯。"皆论哭有轻重质文之声也。礼以哭有言者为号；然则哭亦有辞也。江南丧哭，时有哀诉之言耳；山东重丧，则唯呼苍天，期[3]功以下，则唯呼痛深，便是号而不哭。

[注释]

1　斩缞、齐缞、大功、小功、缌麻：旧时五种丧服名称。

2　偯yǐ：哭的余声。

3　期jī：服丧一年。

[译文]

《礼记·间传》中说："穿斩缞服丧时，要好像再也哭不出第二声一样；穿齐缞服丧时，要哭的死去活来；穿大功服丧时，要哭得一声三折并带着尾音；穿小功、缌麻服丧时，有哀痛的神情就可以了，这是哀痛之情在声音上的表现。"《孝经》中说："哭丧不要带尾音。"这些都是说哭在声音上的轻、重、直接、含蓄的区别。礼制中把一边哭一边说称为号，那就是说哭的时候也可以有言辞。江南的人哭丧时会边哭边说话，经常说出哀诉的言语；北方人在服重丧时，只是呼天抢地的，在服一年以下的轻丧时则只是悲痛深重，这就是只哀号不痛哭流涕。

　　江南凡遭重丧，若相知者，同在城邑，三日不吊则绝之；除丧[1]，虽相遇则避之，怨其不已悯也。有故及道遥者，致书可也；无书亦如之[2]。北俗则不尔。江南凡吊者，主人之外，不识者不执手；识轻服[3]而不识主人，则不于会所[4]而吊，他日修名[5]诣其家。

[注释]

1 除丧：除去丧礼之服。

2 如之：如同那样，即如同对待"二日不吊"者一样。

3 轻服：五种丧服中较轻的几种，如大功、小功、缌麻之类。

4 会所：聚会的场所。这里指治丧的地方。

5 名：名刺。相当于今天的名片。

[译文]

　　江南地区，凡遭逢重丧的人家，如果是与他家相认识的人，又同住在一个城镇里，三天之内不去吊丧，丧家就会与他断绝交往。丧家的人除掉丧服，与他在路上相遇，也要避开他，因为恨他不怜恤自己。如果是另有原因或道路遥远而未能前来吊丧者，可以写信来表示慰问；不来信的，丧家也会一样对待他。北方的风俗则不是这样。江南地区凡来吊丧者，除了主人之外，对不认识的人就不握手；如果只认识披戴较轻丧服的人而不认识主人，就不到灵堂去吊丧，改天准备好名刺再上他家去表示慰问。

阴阳说[1]云："辰为水墓，又为土墓，故不得哭。"王充《论衡》云："辰日不哭，哭必重丧。"今无教者，辰日有丧，不问轻重，举家清谧[2]，不敢发声，以辞吊客。道书又曰："晦歌朔[3]哭，皆当有罪，天夺其算[4]。"丧家朔望[5]，哀感弥深，宁当惜寿，又不哭也？亦不谕。

[**注释**]

1 说：《群书类编故事》卷二"说"作"家"。

2 清谧：清静。

3 晦：农历每月的最后一天。朔：农历每月初一。

4 算：寿命。

5 望：农历每月十五日。

[译文]

阴阳家说："辰为水墓，又为土墓，所以辰日不得哭泣。"王充的《论衡》中说："辰日不能哭泣，哭泣就一定是重丧。"而今那些没有教养的人，辰日遇到丧事，不问轻丧重丧，全家都静悄悄的，不敢发出哭声，并谢绝吊丧的客人。道家的书说："晦日唱歌，朔日哭泣，都是有罪的，老天要减损他的寿命。"丧家在朔日望日，悲痛万分，难道因为珍惜寿命，就不哭泣了吗？真不明白。

偏傍之书[1]，死有归杀[2]。子孙逃窜，莫肯在家；画瓦[3]书符，作诸厌胜[4]；丧出之日，门前然[5]火，户外列灰[6]，被[7]送家鬼，章断注连[8]。凡如此比，不近有情，乃儒雅[9]之罪人，弹议所当加也。

[注释]

1 偏傍：不正。偏傍之书：指旁门左道的书。

2 归杀：也作归煞，回煞。旧时迷信谓人死之后若干日灵魂回家一次叫"归杀"。

3 画瓦：旧时在瓦片上画图像以镇邪。

4 厌胜：古代一种巫术，谓能以诅咒制服，压服人或物。

5 然："燃"的本字。

6　户外列灰：在门外铺灰，以观死人魂魄之迹，为一种迷信活动。

7　祓fú：古代除灾去邪的仪式。

8　章断注连：上章以求断绝死者之殃延续及旁人。注连，接连不断的意思。

9　儒雅：儒学正统。

[译文]

旁门左道的书说，人死之后灵魂要返家一次。这一天，家中子孙们都逃避在外，没有人肯留在家中；又说，用画瓦和书符可以镇邪，念咒语可以驱鬼；还说，出丧那一天，门前要燃火，屋外要铺灰，要举行驱鬼仪式，请求老天阻止死者祸及家人。诸如此类，都不近人情，是儒学正统的罪人，应该对此进行弹劾。

己孤[1]，而履岁及长至[2]之节，无父，拜母、祖父母、世叔父母、姑、兄、姊，则皆泣；无母，拜父、外祖父母、舅、姨、兄、姊，亦如之。此人情也。

江左朝臣，子孙初释服[3]，朝见二宫，皆当泣涕；二宫为之改容。颇有肤色充泽，无哀感者，梁武薄其为人，多被抑退。裴政出服，问讯武帝，贬瘦枯槁，涕泗滂沱，武帝目送之曰："裴之礼[4]不死也。"

[**注释**]

1 孤：父亲或母亲去世了。

2 履岁：一年之始，指元旦。长至：冬至的别称。

3 释服：服丧期满。

4 裴之礼：裴政之父。

[**译文**]

自己的父亲或母亲去世后，在元旦和冬至的节日时，没有父亲就拜见母亲、祖父母、伯叔父母、姑母、兄长、姐姐，这时都要哭。没有母亲就拜见父亲、外祖父母、舅父、姨母、表兄、表姐，也该一样的要哭。这是人之常情。

南朝的大臣去世后，其子孙服丧期满进宫见皇上和太子时都应该痛哭流涕；皇上和太子也会为之悲伤。有些人就精气神很好，没有给人哀恸的感觉，梁武帝因为鄙视他们的为人，大多将其贬谪。裴政服丧期满进宫朝拜时，身体消瘦，面容憔悴，说话时不自觉悲痛流涕，梁武帝目送他离开时说："裴之礼真是虽死犹生啊！"

二亲既没，所居斋寝[1]，子与妇弗忍入焉。北朝顿丘李构，母刘氏，夫人亡后，所住之堂，终身锁闭，弗忍开入也。夫人，宋广州刺史[2]纂之孙女，故构犹染江南风教。其父奖，为扬州刺史，镇寿春，遇害。构尝与王松年、祖孝徵数人同集谈宴。孝徵善画，遇有纸笔，图写为人。顷之，因割鹿尾[3]，戏截画人以示构，而无他意。构怆然动色，便起就马而去。举坐惊骇，莫测其情。祖君寻悟，方深反侧[4]，当时罕有能感此者。吴郡陆襄，父闲被刑，襄终身布衣蔬饭，虽姜菜有切割，皆不忍食；居家惟以掐摘供厨。江宁姚子笃，母以烧死，终身不忍啖炙。豫章熊康，父以醉而为奴所杀，终身不复尝酒。然礼缘人情，恩由义断，亲以噎死，亦当不可绝食也。

[注释]

1 斋寝：斋戒时居住的旁屋。

2 刺史：州的长官。

3 鹿尾：鹿之尾。为古代珍贵食品。

4 反侧：惶恐不安。

[译文]

　　父母去世之后，他们生前斋戒时所居的旁屋，儿子和媳妇都不忍心进去。北朝顿丘郡的李构，他母亲刘氏死后，她生前所居的屋子，李构终生将其锁闭，不忍心开门进去。李构的母亲，是宋广州刺史刘纂的孙女，所以李构仍然得到江南风教的熏陶。他的父亲李奖，是扬州刺史，镇守寿春，被人杀害。李构曾经与王松年、祖孝徵几个人聚在一起喝酒谈天。孝徵善于画画，又有纸笔，就画了一个人。过了一会儿，他因为割取宴席上的鹿尾，就开玩笑地把人像斩断给李构看，但并无他意。李构却悲痛得变了脸色，起身乘马而去了。在场的人都惊诧不已，却猜不出其中的原因。祖孝徵后来醒悟过来，才深感不安，当时却很少有人能理解的。吴郡的陆襄，他的父亲陆闲遭到刑戮，陆襄终生穿布衣吃素餐，即便是生姜，如果用刀割过，他都不忍心食用；做饭只用手掐摘蔬菜供厨房之需。江宁的姚子笃，因为母亲是被烧死的，所以他终生不忍心吃烤肉。豫章的熊康，父亲因酒醉后被奴仆杀害，所以他终生不再尝酒。然而礼是因为人的感情需要而设立的，报答恩情则可根据事理而决断，假如父母因为吃饭噎死了，也不致于因此绝食吧。

《礼经》：父之遗书，母之杯圈[1]，感其手口之泽，不忍读用。政[2]为常所讲习，雠校[3]缮写，及偏加服用，有迹可思者耳。若寻常坟典[4]，为生什物，安可悉废之乎？既不读用，无容散逸，惟当缄[5]保，以留后世耳。

思鲁等第四舅母，亲吴郡张建女也，有第五妹，三岁丧母。灵床上屏风，平生旧物，屋漏沾湿，出曝晒之，女子一见，伏床流涕。家人怪其不起，乃往抱持；荐席淹渍，精神伤怛[6]，不能饮食。将以问医，医诊脉云："肠断矣！"因尔便吐血，数日而亡。中外怜之，莫不悲叹。

[注释]

1 杯圈：一种木制饮器。

2 政：通"正"。

3 雠chóu校：校对。

4 坟典：三坟五典。伏羲、神农、黄帝之书叫三坟，少昊、颛顼、高辛、唐、虞之书，叫五典。此指书籍。

5 缄：封。

6 伤怛dá：悲伤痛苦。

[译文]

《礼经》中讲：父亲遗留的书籍，母亲用过的口杯，感受到上面父母的气息，就不忍心阅读或使用。只因为这些东西是他们生前经常用来讲习、校对缮写及专门使用的，有遗迹可引发哀思罢了。如果是常用的书籍，以及各种日用品，哪能全部废弃呢？父母遗物既然不阅读使用。就不要让它们散失，应当封存保护，以留传给后代。

思鲁几弟兄的四舅母，是吴邵张建的女儿，她有一位五妹，三岁时就失去了母亲。灵床上的屏风，是她母亲生前使用的旧物。这屏风因屋漏被沾湿，被拿出去曝晒，那女孩一见，就伏在床上流泪。家里人见她一直不起来，感到奇怪，就过去抱她起身，只见垫席已被泪水浸湿，女孩神色哀伤，不能饮食。家人带她去看病，医生摸过脉后说："她已经伤心断肠了！"女孩为此吐血，几天后就死了。亲属都怜惜她，无不悲伤叹息。

《礼》云："忌日不乐。"正以感慕罔极[1]，恻怆无聊，故不接外宾，不理众务耳。必能悲惨自居，何限于深藏也？世人或端坐奥室，不妨言笑，盛营甘美，厚供斋食；迫有急卒[2]，密戚至交，尽无相见之理：盖不知礼意乎！

[**注释**]

1 罔极：无穷尽。

2 卒cù：通"猝"，仓促。

[**译文**]

《礼记》中说："忌日时不进行娱乐活动。"正因为对亡故的人有无限的思念之情，十分悲怆哀痛，所以不接待客人，不处理杂事。只是如果真的过于悲痛，又何必非得待在家里不出门呢？世界上很多人虽然一直待在深宅里，但仍然不妨碍他们欢声笑语，吃着丰盛的食物，也供奉着丰厚的斋食；当有很着急仓促的事情或亲朋好友来了，他们却认为是没有见面的道理：这是不懂得礼的本质啊！

魏世王修，母以社日[1]亡；来岁社日，修感念哀甚，邻里闻之，为之罢社。今二亲丧亡，偶值伏腊分至[2]之节，及月小晦后，忌之外，所经此日，犹应感慕[3]，异于余辰，不预饮宴、闻声乐及行游也。

[**注释**]

1 社日：祭祀社神之日。

2 伏腊：伏祭和腊祭之日。伏祭在夏季伏日，腊祭在农历十二月。分：春分、秋分。至：冬至、夏至。

3 感慕：感伤思慕。

[**译文**]

魏朝王修的母亲因为是在社日这天去世的，第二年的社日，王修感怀思念母亲，十分哀痛。邻居们听说此事后，为此而停止了社日的活动。现在，父母亲去世的日子，如果正碰上伏祭、腊祭、春分、秋分、夏至、冬至这些节日，以及忌日前后三天，忌日晦日的前后三天，除了忌日这天外，凡在上述的日子里，仍应对父母亲感怀思慕，与别的日子有所区别，应该做到不参加宴饮、不听声乐且不外出游玩。

　　刘绍、缓、绥，兄弟并为名器，其父名昭，一生不为照字，惟依《尔雅》火旁作召耳。然凡文与正讳[1]相犯，当自可避；其有同音异字，不可悉然。刘字之下，即有昭音。吕尚[2]之儿，如不为上；赵壹之子，傥不作一：便是下笔即妨，是书皆触也。

[注释]

1 正讳：指人的正名。

2 吕尚：姜太公。

[译文]

　　刘绍、刘缓、刘绥三兄弟，同为名人，他们的父亲名叫昭。所以兄弟便一辈子都不写照字，只是依照《尔雅》用"火"字旁加"召"来代替。然而凡文字与人的正名相同，当然应该避讳；如行文中出现同音异字，就不该全部避讳了。刘字的下半部分就有昭的音。吕尚的儿子如果不能写"上"字；赵壹的儿子如果不能写"一"字，便会一下笔就犯难，一写字就犯讳了。

　　尝有甲设宴席，请乙为宾；而旦于公庭见乙之子，问之曰："尊侯早晚顾宅？"乙子称其父已往。时以为笑。如此比例，触类[1]慎之，不可陷于轻脱。

［注释］

1　触类：接触这一类事情。

［译文］

曾经甲摆了宴席请乙做客，在朝廷上见到乙的儿子时就问："你父亲什么时候光临寒舍呢？"乙的儿子说自己的父亲已经去了。当时的人都把这事儿当笑话说。当碰到这些类似的事情的时候要慎重对待啊，千万别过分轻佻了。

江南风俗，儿生一期，为制新衣，盥浴装饰，男则用弓矢纸笔，女则刀尺针缕，并加饮食之物，及珍宝服玩，置之儿前，观其发意所取，以验贪廉愚智，名之为试儿。亲表[1]聚集，致宴享焉。自兹已后，二亲若在，每至此日，尝有酒食之事耳。无教之徒，虽已孤露[2]，其日皆为供顿[3]，酣畅声乐，不知有所感伤。梁孝元年少之时，每八月六日载诞之辰[4]，常设斋讲[5]；自阮修容[6]薨殁之后，此事亦绝。

［注释］

1　亲表：亲属中表。中表：姑母的子女叫外表。舅父姨母的子女叫内表，互称中表。

2　孤露：孤单无所荫庇。指丧父、丧母或父母双亡。

3 供顿：设宴待客。

4 载：始。载庭之辰：生日。

5 斋讲：斋素讲经。

6 修容：古代宫妃的位号，为九嫔之一。

［译文］

江南的风俗，孩子生下来一周年，就为他缝制新衣裳，给他洗浴打扮，对男孩就用弓、箭、纸、笔，对女孩就用剪子、尺子、针线，再加上一些饮食物品及珍宝玩具等物，把它们放在孩子面前，观察他（她）想抓取的东西，以此来检验孩子今后是贪婪还是廉洁，是愚蠢还是聪明，这种风俗被称作试儿。这一天，亲戚们都聚集，宴请招待。从此以后，父母亲只要还在世，每到这个日了，就要置酒备饭，吃喝一顿。那些没有教养的人，虽然父母已经去世，这一天，仍要设宴待客，尽兴痛饮，纵情声乐，不知道还应该有所感伤。梁孝元帝年轻的时候，每到八月六日生日这天，经常是吃素讲经。自他母亲阮修容去世之后，这种事也绝迹了。

人有忧疾，则呼天地父母，自古而然。今世讳避，触途[1]急切。而江东士庶，痛则称祢[2]。祢是父之庙号，父在无容[3]称庙，父殁何容辄呼？《苍颉篇》有"倄"字，《训诂》云："痛而评[4]也，音羽罪反。"今北人痛则呼之。《声类》音于未反，今南人痛或呼之。此二音随其乡俗，并可行也。

[注释]

1 触途：各方面，处处。

2 祢nǐ：亡父在宗庙中立主之称。

3 无容：不可以。

4 讦hū：同“呼”。

[译文]

人有忧患疾病，就呼喊天地父母，自古以来就是这样。现在的人讲究避讳，处处比古人来得严格。而江东的士族庶族，悲痛时就叫祢。祢是已故父亲的庙号，父亲在世不可以叫庙号，父亲死后怎能随便呼叫他的庙号呢？《苍颉篇》中有俙字，《训诂》中解释说：“这是痛苦时发出的声音，发音是羽罪反。”现在北方人悲痛时就这样叫。《声类》中注这个字的音是于未反，现在南方要悲痛时有人就这样喊。这两个音随人们的乡俗而定，都是可行的。

梁世被系劾者，子孙弟侄，皆诣阙三日，露跣[1]陈谢；子孙有官，自陈解职。子则草屩[2]粗衣，蓬头垢面，周章[3]道路，要候执事，叩头流血，申诉冤情。若配徒隶，诸子并立草庵于所署门，不敢宁宅[4]，动经旬日，官司驱遣，然后始退。江南诸宪司[5]弹人事，事虽不重，而以教义见辱者，或被轻系而身死狱户者，皆为怨仇，子孙三世不交通矣。到洽为御史中丞，初欲弹刘孝绰，其兄溉先与刘善，苦谏不得，乃诣刘涕泣告别而去。

[注释]

1 露：露髻。即不戴帽子露出发髻。跣：不穿鞋。

2 屩juē：草鞋。

3 周章：惊恐不安。

4 宁宅：安居。

5 宪司：即御史。

[译文]

梁朝被拘囚弹劾的官员，他的子孙弟侄们，都要赶赴朝廷的殿延，在那里整整三天，免冠赤足，陈述请罪，如子孙中有做官的，就主动请求解除官职。儿子们则穿上草鞋和粗布衣服，蓬头垢面，惊恐不安地守候在道路上，拦住主管官员，叩头流血，申诉冤枉。如果被发配去服苦役，他的儿子们就一起在官署门口搭上草棚，不敢在家中安居，一住就是十来天，官府驱逐才退离。江南地区各位宪司弹劾某人，案情虽不严重，但如果某人是因教义而受弹劾之辱，或者因此被拘囚而身死狱中，两家就会结下怨仇，子孙三代都不相往来。到洽当御史中丞的时候，开始想弹劾刘孝绰，到洽的哥哥到溉与刘孝绰关系友善，他苦苦规劝到洽不要弹劾刘孝绰而未能如愿，就前往刘孝绰处，流着泪与他分手。

兵凶战危，非安全之道。古者，天子丧服以临师，将军凿凶门[1]而出。父祖伯叔，若在军阵，贬损自居，不宜奏乐宴会及婚冠[2]吉庆事也。若居围城之中，憔悴容色，除去饰玩，常为临深履薄之状焉。父母疾笃，医虽贱虽少，则涕泣而拜之，以求哀也。梁孝元在江州，尝有不豫[3]；世子方等亲拜中兵参军李猷焉。

[注释]

1 凶门：古代将军出征时，凿一扇向北的门，由此出发，如办丧事一样，以示必死的决心，称"凶门"。

2 冠：冠礼。古代男子二十岁行成人礼结发戴冠。

3 不豫：天子有病称不豫。

[译文]

兵者凶器，战者危事，皆非安全之道。古时候，天子穿上丧服去统领军队，将军凿一扇凶门然后由此出征。某人的父祖伯叔如果在军队里，他就应该自我约束，不宜参加奏乐、宴会及婚礼冠礼等吉庆活动。如果某人被围困在城邑之中，他就应该是面容憔悴，除掉饰物器玩，时时显出如临深渊、如履薄冰的样子。如果他的父母病重，那医生虽然年少位卑，也应该向医生哭泣下拜，以此求得医生的怜悯。梁孝元帝在江州的时候，曾经生病，他的大儿子萧方等就亲自拜求过中兵参军李猷。

四海之人，结为兄弟，亦何容易。必有志均义敌，令终如始者，方可议之。一尔[1]之后，命子拜伏，呼为丈人[2]，申父友之敬；身事彼亲，亦宜加礼。比见北人，甚轻此节，行路相逢，便定昆季[3]，望年观貌，不择是非，至有结父为兄，托子为弟者。

[**注释**]

1 一尔：一旦如此。

2 丈人：对亲戚长辈的称呼。

3 昆季：指兄弟。长为昆，幼为季。

[**译文**]

四海异姓之人结拜为兄弟谈何容易。必须是志向道义都相配，对朋友始终如一的人，才可加以考虑。一旦与人结为兄弟，就要让自己的孩子向他伏地下拜，称他为丈人，表达孩子对父亲朋友的尊敬。自己对结拜兄弟的父母亲，也应该施礼。我常常见到一些北方人，很轻率地对待此事，两个人陌路相逢，便结为兄弟，只问问年龄看看外貌，也不斟酌一下是否妥当，以致有把父辈当成兄长，把子侄辈当成弟弟的。

昔者，周公一沐三握发，一饭三吐餐[1]，以接白屋之士[2]，一日所见者七十余人。晋文公以沐辞竖头须，致有图反[3]之诮。门不停宾，古所贵也。失教之家，阍寺[4]无礼，或以主君寝食嗔怒，拒客未通，江南深以为耻。黄门侍郎[5]裴之礼，号善为士大夫，有如此辈，对宾杖之；其门生[6]僮仆，接于他人，折旋[7]俯仰，辞色应对，莫不肃敬，与主无别也。

[注释]

1　一沐三握发，一饭三吐餐：指一次沐浴须三度握其已散之发，一顿饭中间须三次停食，以接待宾客。两句均形容求贤殷切。

2　白屋之士：指平民。古代平民住房不施采，故称其所住之屋为白屋。

3　图：考虑。图反：指想法反常。

4　阍寺：看门人。

5 黄门侍郎：官职名。

6 门生：此指门下使役之人。

7 折旋：曲行。古代行礼时的动作。

[译文]

从前，周公宁愿随时中断沐浴、用餐，以接待来访的贫寒之士，一天之内曾经接见了七十多人。而晋文公以正在沐浴为借口拒绝接见下人头须，以致遭来"图反"的嘲笑。家中宾客不断，这是古人所看重的。那些没有良好教养的家庭，看门人也没有礼貌，有的看门人在客人来访时，就以主人正在睡觉、吃饭或发脾气为借口，拒绝为客人通报，江南人家深以此事为耻。黄门侍郎裴之礼，被称作士大夫的楷模，如果他家中有这样的人，他会当着客人的面用棍子抽打。他的门子、童仆在接待客人的时候，进退礼仪，表情言辞，无不严肃恭敬，与主人没有两样。

慕贤第七

古人云："千载一圣，犹旦暮也；五百年一贤，犹比髆[1]也。"言圣贤之难得，疏阔如此。傥遭不世明达君子，安可不攀附景仰之乎？吾生于乱世，长于戎马，流离播越[2]，闻见已多；所值名贤，未尝不心醉魂迷向慕之也。人在年少，神情未定，所与款狎[3]，熏渍陶染，言笑举动，无心于学，潜移暗化，自然似之；何况操履艺能[4]，较明易习者也[5]？是以与善人居，如入芝兰之室，久而自芳也；与恶人居，如入鲍鱼之肆，久而自臭也。墨子悲于染丝，是之谓矣。君子必慎交游焉。孔子曰："无友不如己者。"颜、闵[6]之徒，何可世得！但优于我，便足贵之。

[注释]

1 髆bó：肩胛。

2 播越：离散，流亡。

3 款狎：款洽狎习。指相互间关系亲密。

4 操履：操守德行。艺能：本领，技能。

5 较：通"皎"，明显。也：读为"耶"，表疑问语气词。

6 颜、闵：指孔子的弟子颜回和闵损。

[译文]

古人说："一千年出一个圣人，已经近得像从早到晚那么快了；五百年出一个贤士，已经密得像肩碰肩一样了。"这是说圣贤稀少难得，已经到如此地步。倘若碰到了人世罕有的明达君子，哪能不去攀附景仰他呢？我出生在乱世，成长于战争年代，四处漂泊，听到看到的够多了。但只要遇到有名的贤人，未尝不心醉魂迷地向往钦慕他人。年轻的时候，精神性情尚未定型，与那情投意合的朋友朝夕相伴，受其熏陶渍染，一言一笑，一举一动，虽然没有存心去学，但在潜移默化中，自然就跟朋友相似了。何况操守德行和本领技能，是明显容易学到的东西呢？因此，与善人住在一起，就像进入满是芝草兰花的屋子中一样，时间一长自己也变得芬芳起来；与恶人住在一起，就像进入满是鲍鱼的店铺一样，时间一长自己也变得腥臭起来。墨子看见人们染丝就叹惜，说的就是这个意思。君子与人交往一定要慎重。孔子说："不要和不如自己的人交朋友。"像颜回、闵损那样的贤人，哪能够时时遇见！只要比我强，也就足以让我看重他了。

世人多蔽，贵耳贱目，重遥轻近。少长周旋[1]，如有贤哲，每相狎侮，不加礼敬；他乡异县，微藉风声[2]，延颈企踵，甚于饥渴。校其长短，核其精粗，或彼不能如此矣。所以鲁人谓孔子为东家丘，昔虞国宫之奇，少长于君，君狎之，不纳其谏，以至亡国，不可不留心也。

[注释]

1　少长：此指从年少到长大。周旋：交往。
2　藉：凭借，依靠。

[译文]

一般人多有一种偏见：对传闻的东西很看重，对亲眼所见的东西则很轻视；对远处的事物很感兴趣，对近处的事物则不放在心上。从小一起长大的人，如有谁是贤能之士，人们也往往对他轻慢侮弄，而不是以礼相待；而处在远方异土的人，凭着那么点名声，就能使大家伸长脖子、踮起脚去朝思暮盼，那种心情似乎比饥渴还难以忍受。他们饶有兴致地评说人家的优劣，不厌其烦地谈论人家的得失，好像那里的人不会如此似的。所以，鲁国的人称孔子为"东家丘"。从前，虞国的宫之奇年龄稍长于国君，国君就很轻视他，反而不能采纳他的意见，以致亡了国，这个教训不可不牢记于心。

用其言，弃其身，古人所耻。凡有一言一行，取于人者，皆显称之，不可窃人之美，以为己力；虽轻虽贱者，必归功焉。窃人之财，刑辟[1]之所处；窃人之美，鬼神之所责。

[**注释**]

1 刑辟pì：刑法，刑律。

[**译文**]

采用了某人的意见却抛弃了这个人，这种行为被古人认为是可耻的。凡采纳一个建议、办理一件事情，是得到别人的帮助，应该赞扬人家，不该窃取他人成果，当成自己的功劳。即使是地位低下的人，也一定要肯定他的功劳。窃取别人的钱财，会遭到刑罚的处置；窃取别人的成果，会遭到鬼神的谴责。

梁孝元前在荆州，有丁觇者，洪亭民耳，颇善属文，殊工草隶；孝元书记，一皆使之。军府[1]轻贱，多未之重，耻令子弟以为楷法，时云："丁君十纸，不敌王褒[2]数字。"吾雅爱其手迹，常所宝持。孝元尝遣典签惠编送文章示萧祭酒[3]，祭酒问云："君王比赐书翰[4]，及写诗笔[5]，殊为佳手，姓名为谁？那得都无声问？"编以实答。子云叹曰："此人后生无比，遂不为世所称，亦是奇事。"于是闻者稍复刮目。稍仕至尚书仪曹郎[6]，末为晋安王侍读[7]，随王东下。及西台陷殁，简牍湮散，丁亦寻卒于扬州；前所轻者，后思一纸，不可得矣。

[注释]

1　军府：时萧绎都督六州军事，故称其治所为军府。

2　王褒：字子渊，琅邪临沂人，工书法，为时所重。

3　典签：官名。权力甚大，称为签帅。祭酒：官名。

4　比：近。书翰：指书信。

5　诗笔：六朝人以诗笔对言，笔指无韵之文。

6　仪曹郎：官职名。

7　晋安王：梁简文帝萧纲于梁天监五年封晋安王。侍读：诸王属官，职务是给诸王讲学。

[**译文**]

　　梁孝元帝过去在荆州时，他那里有一位叫丁觇的人，是洪亭人氏，很会写文章，特别擅长草书和隶书；孝元帝的文书抄写，全部交给他干。军府中那些地位低下的人，大多小瞧他，耻于让自己的子弟去临习他的书法，当时流行的话是："丁君写上十张纸，抵不上王褒几个字。"我非常喜爱他的墨迹，常常把它们珍藏起来。孝元帝曾经派典签惠编送文章给祭酒萧子云看，萧子云就问惠编："君王最近写有书信给我，还有他的诗歌文章，书法非常漂亮，那书写者实在是一个少有的高手，他姓甚名谁？怎么会一点名声都没有呢？"惠编据实回答了。萧子云感叹道："没有哪个后生能和他相比，竟然不被世人所称道，也算是奇事一桩。"从此，听说此事的人才稍稍注意他。丁觇后来渐渐升任到尚书仪曹郎的位置，最后任晋安王侍读，随晋安王东下。等到江陵陷落的时候，那些文书信札一起散失了，丁觇不久也在扬州去世。过去轻视他的人，后来再想得到他的一纸墨迹也不可能了。

　　侯景初入建业，台门[1]虽闭，公私草扰，各不自全。太子左卫率羊侃坐东掖门，部分经略[2]，一宿皆办，遂得百余日抗拒凶逆。于时，城内四万许人，王公朝士，不下一百，便是恃侃一人安之，其相去如此。古人云：

"巢父、许由[3]，让于天下；市道小人，争一钱之利。"亦已悬[4]矣。

齐文宣帝即位数年，便沉湎纵恣，略无纲纪；尚能委政尚书令杨遵彦，内外清谧，朝野晏如，各得其所，物无异议，终天保[5]之朝。遵彦后为孝昭[6]所戮，刑政于是衰矣。斛律明月，齐朝折冲[7]之臣，无罪被诛，将士解体，周人始有吞齐之志，关中至今誉之。此人用兵，岂止万夫之望[8]而已哉！国之存亡，系其生死。

张延隽之为晋州行台[9]左丞。匡维主将，镇抚疆埸[10]，储积器用，爱活黎民，隐若敌国[11]矣。群小不得行志，同力迁之。既代之后，公私扰乱，周师一举，此镇先平。齐亡之迹，启于是矣。

[注释]

1 台门：台城的城门。朝廷禁近之地称台。

2 部分：部署处分。经略：策划处理。

3 巢父、许由：俱为唐尧时人，尧以天下让此二人，皆不受。

4 悬：悬殊。

5 天保：北齐文宣帝年号。

6 孝昭：北齐孝昭帝，名高演，字延安。

7 折冲：使敌战车后撤，即击退敌军。冲，战车的一种。

　　8　万夫之望：即众望所归的意思。

　　9　行台：凡朝廷遣大臣督诸军于外，谓之行台。

　　10　疆埸yì：国界。

　　11　隐：威重之貌。敌国：相当于一国，与国相匹敌。

[译文]

　　侯景刚攻入建业城的时候，台门虽然紧闭，但台城内的官吏百姓都惊恐不安，人人自危。这时，太子左卫率羊侃坐镇东掖门，他部署策划抵抗事宜，一个晚上全都安排好了，于是才争取到一百多天的时间来抵抗凶恶的叛军。当时，台城内四万多人，其中的王公大臣不下一百，就是靠羊侃一人来安定局面的，他们之间的差距是如此之大。古人说："巢父、许由把天下都推辞掉了。而市侩庸人为一个小钱也要争夺不休。"两者的差距也太悬殊了。

　　齐朝文宣帝即位几年后，便沉湎酒色，放纵恣睢，一点不顾法纪。但他尚能将政事交给尚书令杨遵彦处理，故朝廷内外，清静安宁，各种事务都能得到妥善安排，大家都没有意见，这种局面一直保持到天保之朝结束。杨遵彦后来被孝昭帝杀害，国家的刑律政令从此就衰败了。斛律明月是齐朝安邦却敌的重臣，无罪被杀，军队将士因此而人心涣散，周国才萌生了吞并齐国的欲望，关中一带人民至今对斛律明月仍称赞不已。这个人用兵，岂止是千万人希望之所归而已啊！他的生死，维系着国家的存亡。

张延隽任晋州行台左丞时，佐主将，镇守安抚疆界，储藏聚集物资，爱护救助百姓，其威严庄重仿佛可与一国相匹敌。那些卑鄙小人不能按自己的意愿行事，就联合起来放逐了他。取代了他之后，晋州一片混乱，周国军队一起兵，晋州城就先被平定。齐国败亡的迹象，就从这里开始了。

勉学第八

　　自古明王圣帝，犹须勤学，况凡庶乎！此事遍于经史，吾亦不能郑重[1]，聊举近世切要，以启寤[2]汝耳。士大夫子弟，数岁已上，莫不被教，多者或至《礼》《传》，少者不失《诗》《论》。及至冠[3]婚，体性稍定；因此天机，倍须训诱。有志尚者，遂能磨砺，以就素业[4]；无履立者，自兹堕[5]慢，便为凡人。人生在世，会当有业：农民则计量耕稼，商贾则讨论货贿，工巧则致精器用，伎艺则沉思法术，武夫则惯习弓马，文士则讲议经书。多见士大夫耻涉农商，差务工伎，射则不能穿札，笔则才记姓名，饱食醉酒，忽忽无事，以此销日，以此终年。或因家世余绪，得一阶半级，便自为足，全忘修学；及有吉凶大事，议论得失，蒙然张口，如坐云雾；公私宴集，谈古赋诗，塞默低头，欠伸而已。有识旁观，代其入地。何惜数年勤学，长受一生愧辱哉！

[**注释**]

1 郑重：这里是频繁的意思。

2 启寤：启发使觉悟，寤通"悟"。

3 冠：古代男人二十当行加冠之礼，称冠礼，表示已成年。

4 素业：清素之业，即士族所从事的儒业。

5 堕：通"惰"。

[**译文**]

自古以来的那些圣明帝王，尚须勤奋学习，何况普通百姓呢！这类事在经书史书中随处可见，我也不想过多举例，姑且捡近代紧要的事说说，以启发使你们觉悟。现在士大夫的子弟，长到几岁以后，没有不受教育的，那学得多的，已学了《礼经》《左传》。那学得少的，也学完了《诗经》《论语》。等到他们成年，体质性情逐渐成形，趁这个时候，就要对他们加倍进行训育诱导。他们中间那些有志气的，就能经受磨炼，以成就其清白正大的事业，而那些没有操守的，从此懒散起来，就成了平庸的人。人生在世，应该从事一定的工作：当农民的就要算计耕作，当商贩的就要商谈买卖，当工匠的就要精心制作各种用品，当艺人的就要深入研习各种技艺，当武士的就要熟悉骑马射箭，当文人的就要谈论儒家经书。常见士大夫耻于从事农业商业，又缺乏手工艺方面的本事。射箭连一层铠甲也射不穿，动笔仅能写出自己的名字，整天酒足饭饱，无所事事，以此消磨时光，了结一生。还有的人因祖上的荫庇，得到一官半职，便自我满足，完全忘记了学习，碰上有吉凶大事，议论起得失来，就张口结舌，茫然无所知，如堕云雾中一般。在各种公私宴会的场合，别人谈古论今，赋诗言志，他却像塞住了嘴一般，低着头不吭声，只会打哈欠伸懒腰。有见识的旁观者，都替他害臊，恨不能钻到地底下去，这些人为何不勤学几年，以致终生愧辱呢！

梁朝全盛之时，贵游子弟[1]，多无学术，至于谚云："上车不落则著作[2]，体中何如则秘书。"无不熏衣剃面，傅粉施朱，驾长檐车[3]，跟高齿屐[4]，坐棋子方褥[5]，凭斑丝隐囊[6]，列器玩于左右，从容出入，望若神仙。明经[7]求第，则顾人答策[8]；三九[9]公宴，则假手赋诗。当尔之时，亦快士[10]也。及离乱之后，朝市[11]迁革，铨衡选举，非复曩者之亲；当路秉权，不见昔时之党。求诸身而无所得，施之世而无所用。被褐而丧珠，失皮而露质，兀若枯木，泊若穷流，鹿独[12]戎马之间，转死沟壑之际。当尔之时，诚驽材也。有学艺者，触地而安。自荒乱以来，诸见俘虏。虽百世小人，知读《论语》《孝经》者，尚为人师，虽千载冠冕，不晓书记者，莫不耕田养马。以此观之，安可不自勉耶？若能常保数百卷书，千载终不为小人[13]也。

[注释]

1　贵游子弟：无官职的王公贵族叫贵游，他们的子弟就叫贵游子弟。这里是泛称贵族子弟。

2　著作：即著作郎，官名，掌编纂国史。

3　长檐车：一种用车幔覆盖整个车身的车子。

4　高齿屐：一种装有高齿的木底鞋。

5　棋子方褥：一种用方格图案的织品制成的方形坐褥。

6　隐囊：靠枕。

7　明经：六朝以经义取士，谓之明经。

8　顾：同"雇"。答策：即对策。

9　三九：三公九卿。

10　快士：优秀人物。

11　朝市：此指朝廷。

12　鹿独：颠沛流离的样子。

13　小人：指平民百姓。

[译文]

梁朝全盛之时，那些贵族子弟大多不学无术，以至当时的俗语说："登车不跌跤，可当著作郎；会说身体好，可做秘书官。"这些贵族子弟没有一个不是以香料薰衣，修剃脸面，涂脂抹粉的；他们外出乘长檐车，走路穿高齿履，坐在织有方格图案的丝绸坐褥上，倚靠着五彩丝线织成的靠枕，身边摆的是各种古玩，进进出出派头十足，看上去就像神仙。到明经答问求取功名的时候，就雇人顶替自己去应试，三公九卿列席的宴会上，他们就借别人之手来帮自己做诗，在这种时刻，他们倒也像个人物。等到动乱来临，朝廷变革，考察选拔官吏时，不再任用过去的亲信，在朝中执掌大权的，再不见旧日的同党。这时候，这些贵族子弟们靠自己又不中用，想在社会上发挥作用又没有本事。他们只能身穿粗布衣服，卖掉家中的珠宝，失去华丽的外表，露出无能的本质，呆头呆脑像段枯木，有气无力像条即将干涸的河流，在乱军中颠沛流离，最后被抛尸于荒沟野壑之中，在这种时候，这些贵族子弟就成了实实在在的蠢材。有学问有手艺的人，走到哪里都可以站稳脚跟。自从兵荒马乱以来，我见过不少俘虏，有人虽然世代相传都是平民百姓，但由于懂得《孝经》《论语》，还可以给别人当老师；有些人，虽然是世代相传的世家大族子弟，但由于不会书写，无不去给别人耕田养马，由此看来，怎么能不努力学习呢？如果能够经常保存几百卷书籍，就是再过一千年也不会沦为平民百姓。

　　夫明《六经》之指[1]，涉百家之书，纵不能增益德行，敦厉风俗，犹为一艺[2]，得以自资。父兄不可常依，乡国不可常保，一旦流离，无人庇荫，当自求诸身耳。谚曰："积财千万，不如薄伎[3]在身。"伎之易习而可贵者，无过读书也。世人不问愚智，皆欲识人之多，见事之广，而不肯读书，是犹求饱而懒营馔，欲暖而惰裁衣也。夫读书之人，自羲、农[4]已来，宇宙之下，凡识几人，凡见几事，生民之成败好恶，固不足论，天地所不能藏，鬼神所不能隐也。

　　[注释]

　　1 《六经》：指《诗》《书》《乐》《易》《礼》《春秋》。指：通"旨"。

　　2 艺：技艺，才能。

　　3 伎：通"技"。

　　4 羲、农：伏羲、神农，均为传说中的古代帝王，与女娲并称三皇。

　　[译文]

　　通晓《六经》旨意，涉猎百家著述，即使不能提高道德修养，劝勉世风习俗，也不失为一种才艺，可用于自我充实。父亲兄长不能长期依靠，家乡邦国不能常保无事，一旦流离失所，没有人来庇护资助你时，就该自己设法了。俗话说："积财千万，不如薄技在身。"容易学习而又可致富的本事，无过于读书。世人不管愚蠢还是聪明，都希望认识的人多，见识的事广，但却不肯读书，这就好比想要饱餐却懒于做饭，想要身暖却懒于裁衣一样。那些读书的人，从伏羲、神农以来，在这世界上，共认识了多少人、见识了多少事，对一般人的成败好恶，自然不用说，就是天地鬼神的事，也瞒不过他们。

有客难主人[1]曰："吾见强弩长戟[2]，诛罪安民，以取公侯者有矣；文义习吏[3]，匡时富国，以取卿相者有矣；学备古今，才兼文武，身无禄位，妻子饥寒者，不可胜数，安足贵学乎？"主人对曰："夫命之穷达，犹金玉木石也；修以学艺，犹磨莹雕刻也。金玉之磨莹，自美其矿璞[4]，木石之段块，自丑其雕刻；安可言木石之雕刻，乃胜金玉之矿璞哉？不得以有学之贫贱，比于无学之富贵也。且负甲为兵，咋[5]笔为吏，身死名灭者如牛毛，角立杰出者如芝草[6]；握素披黄[7]，吟道咏德，苦辛无益者如日蚀，逸乐名利者如秋荼[8]，岂得同年[9]而语矣。且又闻之：生而知之者上，学而知之者次。所以学者，欲其多知明达耳。必有天才，拔群出类，为将则暗与孙武[10]、吴起同术，执政则悬得管仲、子产之教，虽未读书，吾亦谓之学矣。今子即不能然，不师古之踪迹，犹蒙被而卧耳。”

[注释]

1　主人：作者自称。

2　弩、戟：均为古代兵器。

3　文：文饰，这里作阐释解，义：礼仪。

4　矿：未经冶炼的金属。璞：未经雕琢的玉石。

5　咋zé：啃咬。

6　角立：如角之挺立。芝草：即灵芝草。

7　素：即绢素。黄：即黄卷。素、黄均代指书籍。

8　秋荼：荼至秋而花繁叶密，比喻繁多。

9　同年：相提并论。

10　孙武：春秋时杰出的军事家，其著作《孙子兵法》，为中国最早最杰出的兵书。

[译文]

有客人诘难我说：“有些人手持强弓长戟，去诛灭罪恶之人，安抚黎民百姓，以此博取公侯爵位，有些人阐释礼仪，研习吏道，匡正时尚，使国家富足，以此博取卿相职位；而学问贯通古今，才能文武兼备，却身无俸禄官爵，妻子儿女挨饿受冻的人，却多得数不清，由此看来，怎么能让人重视学习呢？"我回答道："一个人的命运是困厄还是显达，就好比金、玉与木、石。研习学问，就好比琢磨金、玉，雕刻木、石。金、玉经过琢磨，就比矿、璞来得更美，木、石截成段敲成块，与经过雕刻的相比，则显得丑陋，但怎么可以说经过雕刻的木、石就胜过未经琢磨的金、玉呢？所以，不能以有学问的人的贫贱，去与那无学问的人的富贵相比。况且，那些披挂铠甲去当兵、口含笔管充任小吏的人，身死名灭者多如牛毛，脱颖而出者少如灵芝仙草；现在，勤奋攻读，修养品性，含辛茹苦而没有获益的人就像日食那样少见，而闲适安乐，追名逐利的人却像秋荼那样繁多，哪能够把二者相提并论呢？况且我又听说，生下来就明白事理的是上等人，通过学习才明白事理的是次一等人。之所以要学习，就是想使自己知识丰富，明白通达。如果说一定有天才存在的话，那就是出类拔萃的人，作为将军，他们暗中具备了与孙武、吴起相同的军事谋略；作为执政者，他们先天就获得了管仲、子产的政教才干。虽然他们没有读过书，我也要说他们是有学问的。您现在不能够做到这一点，又不去学习古人的做法，就好比蒙着被子睡觉，什么都不知道了。

人见邻里亲戚有佳快[1]者，使子弟慕而学之，不知使学古人，何其蔽也哉？世人但知跨马被甲，长槊强弓，便云我能为将；不知明乎天道。辩乎地利，比量逆顺，鉴达兴亡之妙也。但知承上接下，积财聚谷，便云我能为相；不知敬鬼事神，移风易俗，调节阴阳[2]，荐举贤圣之至[3]也。但知私财不入，公事夙办，便云我能治民；不知诚己刑物[4]，执辔如组[5]，反[6]风灭火，化鸱[7]为凤之术也。但知抱令守律，早刑晚舍[8]，便云我能平狱；不知同辕观罪，分剑追财，假言而奸露，不问而情得之察也。爰及农商工贾，厮役奴隶，钓鱼屠肉，饭牛牧羊，皆有先达，可为师表，博学求之，无不利于事也。

[注释]

1 佳快：优秀的意思。

2 阴阳：中国哲学的一对范畴，古代思想家以此解释自然界两种对立和相互消长的物质势力。

3 至：周密。

4 刑：通“型”。刑物：给人做出榜样。

5 执辔如组：辔，马缰绳。组：用丝织成的宽带子。此句比喻御民有方。

6 反：通“返”，回的意思。

7 鸱：鸱chī鸮xiāo，即猫头鹰，古人视为恶鸟。

8　早刑晚舍：意为早上判刑，晚上立刻赦免。舍通"赦"。

［译文］

人们看邻居、亲戚中有出人头地的人物，懂得让自己的子弟钦慕他们，向他们学习，却不知道让自己的子弟学习古人，这是多么无知啊！一般人只看见当将军的跨骏马，披铠甲，手持长矛强弓，就说自己也能当将军，却不知道了解天时的阴晴寒暑，分辨地理的险易远近，比较权衡逆境顺境，审察把握兴盛衰亡的种种奥妙。一般人只知道当宰相的秉承旨意，统领百官，为国积财储粮，就说自己也能当宰相，却不知道侍奉鬼神，移风易俗，调节阴阳，荐贤举能的种种周密之处。一般人只知道私财不落腰包，公事尽快办理，就说自己也能治理百姓，却不知道诚心待人，为人楷模，御民有术，止风灭火，消灾免难，化鸱为凤，变恶为善的种种道理。一般人只知道依照法令条律，判刑赦免，就说自己也能秉公办案，却不知道同辕观罪、分剑追财，用假言诱使奸诈者暴露，不用反复审问而弄清案情。推而之，甚至那些农夫、商贾、工匠、童仆、奴隶、渔民、屠夫，喂牛的、放羊的，他们中间都有在德行学问上堪为前辈的人，可以作为学习的榜样，广泛地向这些人学习，对事业是有好处的。

　　夫所以读书学问，本欲开心明目，利于行耳。未知养亲者，欲其观古人之先意承颜[1]，怡声下气[2]，不惮劬劳，以致甘腝[3]，惕然惭惧，起而行之也；未知事君者，欲其观古人之守职无侵，见危授命[4]，不忘诚谏，以利社稷，恻然自念，思欲效之也；素骄奢者，欲其观古人之恭俭节用，卑以自牧[5]，礼为教本，敬者身基，瞿然自失，敛容抑志也；素鄙吝者，欲其观古人之贵义轻财，少私寡欲，忌盈恶满，赒穷恤匮，赧然悔耻，积而能散也；素暴悍者，欲其观古人之小心黜己，齿弊舌存[6]，含垢藏疾，尊贤容众，茶[7]然沮丧，若不胜衣[8]也；素怯懦者，欲者观古人之达生委命[9]，强毅正直，立言必信，求福不回[10]，勃然奋厉，不可恐慑也；历兹以往，百行皆然。纵不能淳，去泰去甚[11]。学之所知，施无不达。世人读书者，但能言之，不能行之，忠孝无闻，仁义不足；加以断一条讼，不必得其理；宰千户县[12]，不必理其民；问其造屋，不必知楣横而棁[13]竖也；问其为田，不必知稷早而黍迟也；吟啸谈谑，讽咏辞赋，事既优闲，材增迂诞，军国经纶，略无施用，故为武人俗吏所共嗤诋，良由是乎！

[注释]

1　先意承颜：指孝子先父母之意而顺承其志。

2 怡声下气：指声气和悦，形容恭顺的样子。

3 腝ruǎn：肉柔软脆嫩。

4 授命：献出生命。

5 卑以自牧：以谦卑自守。

6 齿弊舌存：意思是说物之刚者易亡折，而柔者常存。

7 茶nié：疲倦的样子。

8 不胜衣：谦恭退让的样子。

9 达生：指参透人生，不受世务牵累。委命：听任命运支配。

10 不回：不违祖先之道。

11 去泰去甚：去其过甚，事宜适中。

12 千户县：指最小的县。

13 楣：房屋的横梁。棁zhuō：梁上短柱。

[译文]

人之所以要读书学习，本来是为了开发心智，提高认识力，以利于自己的行动。对那些不知道如何奉养父母的人，我想让他们看看古人如何体察父母心意，按父母的愿望办事；如何轻言细语，和颜悦色地与父母谈语；如何不怕劳苦，为父母弄到美味可口的食品；使他们感到惭愧，从而效法古人。对那些不知道如何侍奉国君的人，我想让他们看看古人如何坚守职责，不侵凌犯上；在危急关头，不惜献出性命；如何以国家利益为重，不忘自己忠心劝谏的职责；使他们痛心地对照自己，进而想去效仿古人。对那些平时骄横奢侈的人，我想让他们看看古人如何恭谨俭朴，节约费用；如何以谦卑自守，以礼让为政教之本，以恭敬为立身之根，使他们震惊变色，自感若有所失，从而收敛骄横之态，抑制骄奢的心性。对那些向来浅薄吝啬的人，我想让他们看看古人如何贵义轻财，少私寡欲，忌盈恶满；如何体恤救济穷人，使他们脸红，产生懊悔羞耻之心，从而做到既能积财又能散财。对那些平时暴虐凶悍的人，我想让他们看看古人如何小心恭谨自我约束，懂得齿亡舌存的道理；如何宽仁大度，尊重贤士，容纳众人。使他们气焰顿消，显出谦恭退让的样子来。对那些平时胆小懦弱的人，我想让他们看看古人如何无牵无碍，听天由命，如何强毅正直，说话算数，如何祈求福运，不违祖道。使他们能奋发振作，无所畏惧。由此类推，各方面的品行都可采取以上方式来培养，即使不能使风气淳正，也可去掉那些过分行为。从学习中所获取的知识，没有哪里不可运用。然而现在的读书人，只知空谈，不能行动，忠孝谈不上，仁义也欠缺，再加上他们审断一桩官司，不一定了解了其中道理，主管一个千户小县，不一定亲自管理过百姓；问他们怎样造房子，不一定知道楣是横着放而是竖着放；问他们怎样种田，不一定知道谷子要早下种而黄米要晚下种。整天只知道吟咏歌唱，谈笑戏谑，写诗作赋，悠闲自在，迂阔荒诞，对治军治国则毫无办法，所以他们被那些武官伯吏嗤笑辱骂，确实是因为这些原因。

　　夫学者所以求益耳。见人读数十卷书，便自高大，凌忽长者，轻慢同列；人疾之如仇敌，恶之如鸱枭[1]。如此以学自损，不如无学也。

　　古之学者为己，以补不足也；今之学者为人，但能说之也。古之学者为人，行道以利世也；今之学者为己。修身以求进也。夫学者犹种树也，春玩其华，秋登其实；讲论文章，春华也，修身利行[2]，秋实也。

[注释]

1　鸱chī枭xiāo：鸱为猛禽，枭传说食母，古人以为皆恶鸟。

2　修身利行：涵养德性，以利于事。

[译文]

　　人们学习是为了以此获得好处。我看见有的人读了几十卷书，就自高自大起来，冒犯长者，轻慢同辈。大家仇视他像对仇敌一般，厌恶他像对鸱枭一般。像这样用学习来损害自己，还不如不学。古代求学的人是为了充实自己，以弥补自身的不足，现在求学的人是为了向别人炫耀，只能夸夸其谈；古代求学的人是为了推行自己的主张以造福社会，现在求学的人是为了自身需要，涵养德性以求做官。学习就像种果树一样，春天可以赏玩它的花朵，秋天可以摘取它的果实。讲论文章，这就好比赏玩春花；修身利行，这就好比摘取秋果。

　　人生小幼，精神专利，长成已后，思虑散逸，固须早教，勿失机也。吾七岁时，诵《灵光殿赋》，至于今日，十年一理，犹不遗忘；二十之外，所诵经书，一月废置，便至荒芜矣。然人有坎壈[1]，失于盛年，犹当晚学，不可自弃。孔子云："五十以学《易》，可以无大过矣。"魏武、袁遗，老而弥笃，此皆少学而至老不倦也。曾子七十乃学，名闻天下；荀卿[2]五十，始来游学，犹为硕儒；公孙弘四十余，方读《春秋》，以此遂登丞相；朱云亦四十，始学《易》《论语》；皇甫谧二十，始受《孝经》《论语》；皆终成大儒，此并早迷而晚寤也。世人婚冠未学，便称迟暮，因循面墙，亦为愚耳。幼而学者，如日出之光，老而学者，如秉烛夜行，犹贤乎瞑目而无见者也。

[注释]

1　坎壈lǎn：困顿，不得志。

2　荀卿：荀子。

[译文]

人在幼小的时候，精神专注敏锐，长大成人以后，思想容易分散，因此，对孩子要及早教育，不可错失良机。我七岁的时候，背诵《灵光殿赋》，直到今天，隔十年温习一次，仍然不会遗忘。二十岁以后，所背诵的经书，搁置在那里一个月，便到了荒废的地步。当然，人总有困厄的时候，壮年时失去了求学的机会，更应当在晚年时抓紧时间学习，不可自暴自弃。孔子说："五十岁时学习《易经》，就可以不犯大错了。"魏武帝、袁遗，到老时学习得更加专心，这些都是从小到老勤学不辍的例子。曾子十七岁时才开始学习，最后名闻天下；荀子五十岁才开始到齐国游学，仍然成为大学者；公孙弘四十多岁才开始读《春秋》，后来终于当了丞相；朱云也是四十岁才开始学《易经》《论语》的，皇甫谧二十岁才开始学习《孝经》《论语》，他们最后都成了大学者。这些都是早年沉迷而晚年醒悟的例子。一般人到成年后还未开始学习，就说太晚了，就这样一天天混下去就好像面壁而立，什么也看不见，也够愚蠢了。从小就学习的人，就好像日出的光芒；到老年才开始学习的人，就好像手持蜡烛在夜间行走，但总比闭着眼睛什么都看不见的人强。

学之兴废，随世轻重。汉时贤俊，皆以一经弘圣人之道，上明天时，下该人事，用此致卿相者多矣。末俗[1]已来不复尔，空守章句[2]，但诵师言，施之世务，殆无一可。故士大夫子弟，皆以博涉为贵，不肯专儒。梁朝皇孙以下，总䂮[3]之年，必先入学，观其志尚，出身[4]已后，便从文史，略无卒业者。冠冕[5]为此者，则有何胤、刘瓛、明山宾、周舍、朱异、周弘正、贺琛、贺革、萧子政、刘縚等，兼通文史，不徒讲说也。洛阳亦闻崔浩、张伟、刘芳，邺下又见邢子才：此四儒者，虽好经术，亦以才博擅名。如此诸贤，故为上品，以外率多田野间人，音辞鄙陋，风操蚩拙，相与专固，无所堪能，问一言辄酬数百，责其指归，或无要会[6]。邺下谚云："博士[7]买驴，书券三纸，未有驴字。"使汝以此为师，令人气塞。孔子曰："学也禄在其中矣。"今勤无益之事，恐非业也。夫圣人之书，所以设教，但明练经文，粗通注义，常使言行有得，亦足为人；何必"仲尼居"即须两纸疏义[8]，燕寝讲堂[9]，亦复何在？以此得胜，宁有益乎？光阴可惜，譬诸逝水。当博览机要，以济功业；必能兼美，吾无间[10]焉。

[注释]

1 末俗：指末世衰败的风俗。

2　章句：指古书的间节句读。

3　丱guàn：古代儿童束的上翘的两只角辫。总丱：指童年时代。

4　出身：指出仕。

5　冠冕：此处为仕宦的代称。

6　要会：要旨的意思。

7　博士：古代学官名，此泛指执教的人。

8　疏义：系对经注而言，注是注解经文，疏是演释注文。

9　燕寝：闲居之处。讲堂：讲习之所。

10　间：嫌隙，此处意谓指点批评。

[**译义**]

学习风气的兴盛或衰败，随社会风气变化而变化。汉朝的贤士俊才们，都靠精通一部经书来弘扬圣人之道，上知晓天命，下贯通人事，他们中凭着这个特长而做高官的人可多了。汉末风气改变以后就不复如此，读书人都空守章句之学，只知背诵老师讲过的话，如果靠这些东西来处理实际事务，大概不会有任何用处。因此，后来的士大夫子弟都以广泛涉猎为贵，不肯专攻一经。梁朝从皇孙以下，在儿童时就一定先让他们入学读书，观察他们的志向，到步入仕途的年龄后，就去参与文官的事务，没有一个是把学业坚持到底的。即当官又能坚持学业的，则有何胤、刘璠、明山宾、周舍、朱异、周弘正、贺琛、贺革、萧子政、刘绍等，这些人兼通文史，在洛阳城，我听说有崔浩、张伟、刘芳三人的大名，邺下还有位邢子才：这四位学者，虽然都喜好经术，但也以才识广博而闻名。以上的诸贤士，原本就是为官者中的上品，除此之外就大多是些山野村夫，这些人语言鄙陋，道德拙劣，互相之间固执己见，什么事也干不了，你问他一句话，他就会答出几百句，若要问他其中的意旨究竟是什么，他大概说不到点上。邺下有俗语："博士去买驴，契约写了三大张，不见写出个驴字。"如果让你以这种人为师，岂不令人丧气。孔子说："俸禄就在学习之中。"而今这些人却在那些毫无益处的事情上下工夫，这恐怕不是正道吧。圣人的书，是用来教育人的，只要能熟读经文，粗通注文之义，使之对自己的言行经常有所帮助，也就足以在世上为人了；何必对"仲尼居"三个字就要写两张纸的疏文来解释呢，你说"居"指闲居之处，他说"居"指讲习之所，现在又有谁能看得见？在这种问题上，争个你输我赢，难道会有什么好处吗？光阴可惜，就像流水般一去不返，我们应当广泛阅读书中那些精要之处，以求对自己的事业有所助益。如果你们能把博览与专精结合起来，那我就十分满意，再无话可说了。

俗间儒士，不涉群书，经纬[1]之外，义疏[2]而已。吾初入邺，与博陵崔文彦交游，尝说《王粲集》中难郑玄《尚书》事。崔转为诸儒道之，始将发口，悬见排蹙[3]，云："文集只有诗赋铭诔[4]，岂当论经书事乎？且先儒之中，未闻有王粲也。"崔笑而退，竟不以粲集示之。魏收之在议曹，与诸博士议宗庙事，引据《汉书》，博士笑曰："未闻《汉书》得证经术。"收便忿怒，都不复言，取《韦玄成传》，掷之而起。博士一夜共披寻之，达明，乃来谢曰："不谓玄成如此学也。"

[注释]

1 经纬：经书和纬书。经书指儒家经典著作，纬书是汉代混合神学附合儒家经义的书。

2 义疏：疏解经义之书。

3 排蹙cù：排挤。此处引申为斥责。

4 赋铭诔：赋、铭、诔均为文体名，与诗同为有韵之文。

[译文]

一般读书人，不广泛涉猎，除了读经书和纬书外，就是学学注疏而已。我初到邺城，与博陵的崔文彦交往，曾谈起《王粲集》中关于王粲郑玄《尚书注》的事，崔文彦转而向几位读书人谈起此事，才刚开口，就被他们反驳道："文集中只有诗、赋、铭、诔之类文体；难道会论及经书的事吗？况且在先儒之中，也没听说过王粲这人啊。"崔文彦笑了笑便走了，终究未把《王粲集》给他们看。魏收为议曹时，与各位博士议及有关宗庙之事，并引《汉书》为据，众博士笑着说："我们没有听说过《汉书》可以验证经学。"魏收很生气，把《韦玄成传》扔给他们，博士们看了一夜此书，第二天才来道歉说："想不到韦玄成还有这等学问啊。"

夫老、庄之书，盖全真[1]养性，不肯以物累己[2]也。故藏名柱史[3]，终蹈流沙；匿迹漆园，卒辞楚相，此任纵之徒耳。何晏、王弼，祖述玄宗[4]，递相夸尚，景[5]附草靡，皆以农、黄[6]之化，在乎己身，周、孔之业，弃之度外。而平叔以党曹爽见诛，触死权之网也；辅嗣以多笑人被疾，陷好胜之阱也；山巨源以蓄积取讥，背多藏厚亡之文也；夏侯玄以才望被戮，无支离臃肿之鉴也；荀奉倩丧妻，神伤而卒，非鼓缶之情也；王夷甫悼子，悲不自胜，异东门之达也；嵇叔夜排俗取祸，岂和光同尘之流也；郭子玄以倾动专势，宁后身外己之风也；阮嗣宗沉酒荒迷，乖畏途相诫之譬也；谢幼舆赃贿黜削，违弃其余鱼[7]之旨也：彼诸人者，并其领袖，玄宗所归。其余桎梏尘滓之中，颠仆名利之下者，岂可备言乎！直取其清谈雅论，剖玄析微，宾主往复[8]，娱心悦耳，非济世成俗之要也。洎于梁世，兹风复阐，《庄》《老》《周易》，总谓《三玄》。武皇、简文，躬自讲论。周弘正奉赞大猷[9]，化行都邑，学徒千余，实为盛美。元帝在江、荆间，复所爱习，召置学生，亲为教授，废寝忘食，以夜继朝，至乃倦剧[10]愁愤，辄以讲自释。吾时颇[11]预末筵，亲承音旨，性既顽鲁，亦所不好云。

[注释]

1　全真：保持本性。

2　不肯以物累己：不因为外物而损伤自己。

3　柱史：即柱下史省称，为周秦时官名。

4　玄宗：指道教。

5　景："影"的本字。

6　农、黄：神农、黄帝。

7　弃其余鱼：庄子舍弃自己所余的鱼，以示节俭知足之意。

8　宾主往复：宾主问答。

9　大猷yóu：治国的大道。

10　倦剧：非常疲倦。

11　颇：此处是略微、偶尔之意。

[译文]

老子，庄子的书，讲的是如何保持本真、修养品性，不肯以外物来损伤自己。所以老子用柱下史的职务把自己的名声掩盖起来，最后隐遁于沙漠之中；庄子隐居漆园为小吏，最终拒绝了楚成王召他为相的邀请，这都是任性放纵之徒啊。后来有何晏、王弼，宣讲道教的教义，一个接着一个夸夸其谈起来，如影子依附于形体、草木顺着风向一般，都以神农、黄帝的教化来装扮自身，而将周公、孔子的学业置之度外。然而何晏因为党附曹爽而被诛杀，这是碰到贪权至死的罗网上了，王弼以自己的所长讥笑别人而遭来怨恨，这是掉进争强好胜的陷阱里了；山涛因为贪吝积敛而遭到世人议论，这是违背了聚敛越多丧失越大的古训；夏侯玄因为自己的才能声望而遭到杀害，这是因为没有从庄子所说的无用之材得以自保的寓言中汲取教训；荀粲在丧妻之后，因伤心而死，这就不是庄子在丧妻之后敲缶而歌的超脱情怀了；王衍因哀悼儿子而悲不自胜，这就不同于《列子》中的东门吴面对丧子之痛所抱的那种达观态度了；嵇康因排斥俗流而招致杀身之祸，这难道能与老子所说的"和其光，同其尘"相提并论吗；郭象因声名显赫而最终走上权势之路，这难道是老子所提倡的"后其身而身先，外其身而身存"的作风吗；阮籍纵酒迷乱，不合于庄子关于"畏途相诫"的譬喻；谢鲲因家僮贪污而丢官，这是违背了"弃其余鱼"节欲知足的宗旨。以上诸位先生，都是道家中人心所归的领袖人物。至于其余那些在尘世污秽中身套名缰利锁，在名利场中摸爬滚打之辈，我更无从细说了，这些人不过是选取老庄书中的那些清谈雅论，剖析其中的玄妙细策之处，宾主相互问答，只求娱心悦耳，但这并不是拯救社会、形成良好的社会风气的紧要的事。到了梁朝，这种崇尚道教的风气又流行起来，当时，《庄子》《老子》《周易》被总称为"三玄"。武帝和简文帝都亲自加以讲论。周弘正奉君主之命讲述以道教治国的大道理，其风气流行到大小城镇，各地学徒达到一千多人，实在是盛况空前。后来元帝在江陵、荆州的时候，也十分爱好并熟悉此道，甚至在他极度疲倦或忧愁烦闷的时候，也靠讲授道教玄学来自我排解。我当时偶尔也在末位就座，亲耳聆听元帝的教诲，然而我这人天资愚笨，对此缺乏兴趣。

齐孝昭帝侍娄太后疾，容色憔悴，服膳减损。徐之才为灸两穴，帝握拳代痛，爪入掌心，血流满手。后既痊愈，帝寻疾崩，遗诏恨不见太后山陵[1]之事。其天性至孝如彼，不识忌讳如此，良由无学所为。若见古人之讥欲母早死而悲哭之，则不发此言也。孝为百行之首，犹须学以修饰之，况余事乎！

［注释］

1 山陵：帝王或皇后的坟墓。此指孝昭帝母亲的丧事。

［译文］

北齐的孝昭帝护理病中的娄太后，因此而脸色憔悴，饭量减少。徐之才用艾柱炙太后的两个穴位，太后疼痛难忍，孝昭帝让母亲握己手以代痛，指甲刺入掌心，以致血流满手。太后病愈后，孝昭帝却暴病而亡，临终留下遗诏说：遗憾的是不能为太后操办后事。他的天性是如此孝顺，却如此不知忌讳，实在是不学习造成的。他如果从书中看过古人讽刺那盼母早死而痛哭尽孝的记载，就不会说出那样的话了。孝为百行之首，尚且需要通过学习去培养完善，何况其他的事呢！

梁元帝尝为吾说："昔在会稽[1]，年始十二，便已好学。时又患疥，手不得拳，膝不得屈。闲斋张葛帏[2]避蝇独坐，银瓯贮山阴甜酒，时复进之，以自宽痛。率意自读史书，一日二十卷，既未师受，或不识一字，或不解一语，要自重之，不知厌倦。"帝子之尊，童稚之逸，尚能如此，况其庶士，冀以自达者哉？

[**注释**]

1 会稽：郡名。

2 葛帏：用葛布制成的帏帐。

[**译文**]

梁元帝曾经对我说："我从前在会稽郡的时候，年龄才十二岁，就已经喜欢学习了。当时我身患疥疮，手不能握拳，膝不能弯曲。我在闲斋中挂上葛布制成的帐子以避开苍蝇独坐，身边的小银盆内装着山阴甜酒，不时喝上几口，以此减轻疼痛。我就随意读一些史书，一天读二十卷，当时没有老师传授，常有一个字不认识或一句话不理解的情况。这就需要自己一再重复思考，不知道厌倦。"元帝以帝王之子的尊贵，以孩童的闲适，尚且能够如此用功，何况那些希望从此腾达的小官吏呢？

古人勤学，有握锥[1]投斧[2]，照雪聚萤，锄则带经，牧则编简，亦为勤笃。梁世彭城刘绮，交州刺史勃之孙，早孤家贫，灯烛难办，常买获尺寸折之，然明夜读。孝元初出会稽，精选寮寀[3]，绮以才华，为国常侍兼记室，殊蒙礼遇，终于金紫光禄。义阳朱詹，世居江陵，后出扬都，好学，家贫无资，累日不爨[4]，乃时吞纸以实腹。寒无毡被，抱犬而卧，犬亦饥虚，起行盗食，呼之不至，哀声动邻，犹不废业，卒成学士，官至镇南录事参军，为孝元所礼。此乃不可为之事，亦是勤学之一人。东莞臧逢世，年二十余，欲读班固《汉书》，苦假借不久，乃就姊夫刘缓乞丐客刺[5]书翰纸末，手写一本，军府服其志尚，卒以《汉书》闻。

[注释]

1 握锥：指战国时苏秦以锥刺股之事。

2 投斧：指文党投斧求学之事。

3 寮：同"僚"。宷：同"采"。本指官舍，代指官吏、僚属。

4 爨cuàn：烧火煮饭。

5 客刺：名刺，名片。

[译文]

古代的勤学的人，有用锥子刺大腿以防止瞌睡的苏秦；有投斧于高树、下决心到长安求学的文党；有在夜间靠雪地的反光苦读的孙康；有用袋子收聚萤火虫用来照明读书的车胤；汉代的倪宽、常林耕种时也不忘带上经书；还有路温舒，在放羊时就摘蒲草截成小简，用来写字。他们也算勤奋学习的人。梁朝彭城的刘绮，是交州刺史刘勃的孙子，从小死了父亲，家境贫寒无钱购买灯烛，就买来荻草，把它的茎折成尺把长，点燃后照明夜读。梁元帝在任会稽太守时，精心选拔官吏，刘绮以其才华当上了太子府中的国常侍兼记室，很受尊重，最后官至金紫光禄大夫。义阳的朱詹，祖居江陵，后来到了建业。他十分勤学，家中贫穷无钱，有时连续几天都不能生火煮饭，就经常吞食废纸充饥。天冷没有被盖，就抱着狗睡觉。狗也十分饥饿，就跑到外面偷东西吃，朱詹大声呼唤也不见它回家，哀声惊动四邻。尽管如此，他依旧没有荒废学业，终于成为学士，官至镇南录事参军，为元帝所尊重。这不是一般人所能做到的，也是一个勤学的典型。东莞人臧逢世，二十岁时，想读班固的《汉书》，但苦于借来的书不能长久阅读，就向姐夫刘缓要来名片、书札的边幅纸头，亲手抄得一本。军府中的人都佩服他的志气，后来他终于以研究《汉书》闻名。

齐有宦者内参[1]田鹏鸾，本蛮人也。年十四五，初为阉寺[2]，便知好学，怀袖握书，晓夕讽诵。所居卑末，使役苦辛，时伺间隙，周章[3]询请。每至文林馆[4]，气喘汗流，问书之外，不暇他语。及睹古人节义之事，未尝不感激沉吟久之。吾甚怜爱，倍加开奖。后被赏遇，赐名敬宣，位至侍中[5]开府。后主之奔青州，遣其西出，参伺动静，为周军所获。问齐主何在，绐云："已去，计当出境。"疑其不信，欧[6]捶服之，每折一支[7]，辞色愈厉，竟断四体而卒。蛮夷童丱，犹能以学成忠，齐之将相，比敬宣之奴不若也。

[注释]

1 内参：官名，皇宫守门人。

2 阉寺：古代宫中掌管门禁的官。后指宦官。

3 周章：周游。

4 文林馆：官署名。

5 侍中：官名。

6 欧：通"殴"。

7 支：通"肢"。

[译文]

　　北齐有位太监叫田鹏鸾，本是少数民族。年纪十四五岁刚入宫当宦官时，就知道好学，身上带着书，早晚诵读，由于他所处的地位十分低下，因此也很辛苦，但仍能经常利用空闲时间，四处请教。每次到文林馆，气喘汗流，除了询问书中不懂的地方外，顾不得讲其他的话。每当他看到古人讲气节、重义气的事，就十分激动，连声赞叹，心情久久不能平静。我很喜欢他，对他倍加开导勉励。后来他得到皇帝的赏识，赐名为敬宣，职位到了侍中开府。齐后主逃往青州的时候，派他到西边去察看动静，被北周军队俘获。周军问他后主在什么地方？田鹏鸾欺骗他们说："已走了，恐怕已出境了。"周军不信他的话，就痛打他，企图使他屈服，他的四肢每被打断一条，声音和神色就越是严厉，最后终被打断四肢而死。一位少数民族的少年，尚且能够通过学习变得忠诚，北齐的将相们，连敬宣这样的奴才都不如。

邺平之后，见徙入关[1]。思鲁尝谓吾曰："朝无禄位，家无积财，当肆筋力，以申供养。每被课笃[2]，勤劳经史，未知为子，可得安乎？"吾命之曰："子当以养为心，父当以学为教。使汝弃学徇财，丰吾衣食，食之安得甘？衣之安得暖？若务先王之道，绍家世之业，藜羹[3]缊褐，我自欲之。"

[注释]

1 邺平之后，见徙入关：指北周军队攻占北齐都城邺城，灭北齐，北齐君臣被押送长安。

2 笃：通"督"，察视。

3 藜羹：用嫩藜煮成的羹，此指粗劣的食物。

[译文]

邺城被北周军队平定之后，我们被流放到关内。那时思鲁曾经对我说："我们在朝廷没人当官，家里也没有积财，我应当尽力干活赚钱，以此尽供养之责。现在，我却常被督促着读书，致力于经史之学，你可知道我这做儿子的，能够安心学习吗？"我教诲他说："当儿子的固然应当把供养之责放在心上，当父亲的却应当把子女的教育作为根本大事。如果让你放弃学业去赚取钱财，使我丰衣足食，那么，我吃起饭来怎么会感到香甜，穿起衣来怎么会感到温暖呢？如果你致力于先王之道，继承我们家祖辈相传的读书传统，那么，即使吃粗茶淡饭，穿麻布衣衫，我也乐意。

《书》曰："好问则裕。"《礼》云："独学而无友，则孤陋而寡闻。"盖须切磋相起[1]明也。见有闭门读书，师心自是，稠人广坐，谬误差失者多矣。《穀梁传》称公子友与莒挐相搏，左右呼曰"孟劳"。孟劳者，鲁之宝刀名，亦见《广雅》。近在齐时，有姜仲岳谓："孟劳者，公子左右，姓孟名劳，多力之人，为国所宝。"与吾苦净。时清河郡守邢峙，当世硕儒，助吾证之，赧然而伏。又《三辅决录》云，灵帝殿柱题曰："堂堂乎张，京兆田郎。"盖引《论语》，偶以四言，目京兆人田凤也。有一才士，乃言："时张京兆及田郎二人皆堂堂耳。"闻吾此说，初大惊骇，其后寻愧悔焉。江南有一权贵，读误本《蜀都赋》注，解"蹲鸱，芋也"，乃为"羊"字；人馈羊肉，答书云："损惠[2]蹲鸱。"举朝惊骇，不解事义[3]，久后寻迹，方知如此。元氏之世[4]，在洛京时，有一才学重臣，新得《史记音》，而颇纰缪，误反"颛顼"字，顼当为许录反[5]，错作许缘反，遂谓朝士言："从来谬音'专旭'，当音'专翾'耳。"此人先有高名，翕然信行；期年之后，更有硕儒，苦相究讨，方知误焉。《汉书·王莽赞》云："紫色蛙声，余分闰位。"谓以伪乱真耳。昔吾尝共人谈书，言及王莽形状，有一俊士，自许[6]史学，名价甚高，乃云："王莽非直鸱目虎吻，亦紫色蛙声。"又《礼乐志》云："给太官挏马酒。"李奇注："以马乳为酒也，揰挏乃成。"二字并从手。揰挏，此谓撞捣挺挏之，今为酪酒亦然。向学士又以为种桐时，太官酿马酒乃熟。其孤陋遂至于此。太山羊肃，亦称学问，读《潘岳赋》"周文弱枝之枣"，为杖策之杖；《世本》"容成造历（曆）"，以历（曆）为碓磨之磨。

[**注释**]

1 起：同"启"，启发、开导。

2 损惠：谢人馈送礼物的敬辞。意谓对方降抑身份而加惠于己。

3 事义：此指以故，比喻事物的意义。

4　元氏之世：指北魏。元氏为北魏皇帝之姓。

5　反：即反切，是我国给汉字注音的一种传统方法。

6　自许：自我称许。

[译文]

《尚书》中说："喜欢提问则知识充足。"《礼经》中说："独自学习而没有朋友共同商讨，就会孤陋寡闻。"看来，学习要共同切磋，互相启发，这是很明白的了。我就见过不少闭门读书，自以为是，在大庭广众之下口出谬言的人。《穀梁传》中叙述公子友与莒两人相斗，公子友左右的人呼叫"孟劳"。孟劳是鲁国宝刀的名称，这个解释也见于《广雅》。近时我在齐国，有位叫姜仲岳的人说："孟劳是公子友左右的人，姓孟，名劳，是位大力士，为鲁国人所看重。"他和我苦苦争辩。当时清河郡守邢峙也在场，他是当今的大学者，帮助我证实了孟劳的真实含义，姜仲岳才红着脸认输了。此外，《三辅决录》上说："汉灵帝在官殿柱子上题字：'堂堂乎张，京兆田郎。'"这是引用《论语》中的话，而对以四言句式，用来品评京兆人田凤。有一位才士，却解释成："当时张京兆及田郎二人都是相貌堂堂的。"他听了我的上述解释后，开始非常惊骇，后来又对此感到惭愧懊悔。江南有一位权贵，读了误本《蜀都赋》中的注解，"蹲鸱，芋也"，芋字错作"羊"字。有人馈赠他羊肉，他就回信说，"谢谢您赐我蹲鸱。"满朝官员都感到惊诧，不知他用的是什么典故，经过很长时间弄清真相，才知道是这么回事。魏元氏在位的时候，有一位有博学而身居要职的大臣，他新近得到一本《史记音》，而其中错误很多，给"颛顼"错误地注音，顼字应当注音为许录反，却错注为许缘反，这位大臣就对朝中官员们说："过去一直把颛顼误读成'专旭'，应该读成'专翾'。"这位大臣名气很大，他的意见大家当然相信并采用。直到一年后，又有大学者对这个词的发音苦苦地研讨，才知道搞错了。《汉书·王莽赞》中说："紫色蛙声，余分闰位。"是说王莽以假乱真。过去我曾经和别人谈书籍，其中谈到王莽的长相，有一位聪明能干的人，自夸通晓史学，名声身价很高，却说："王莽不但长得鹰目虎嘴，而且有着紫色的皮肤，青蛙的嗓音。"此外，《礼乐志》中说："给太官挏马酒。"李奇的注解是："以马乳为酒也，撞挏乃成。"二字的偏旁都从手。所谓撞挏，这里是说把马奶上下捣击，现在做奶酒也是用这种方法。刚才提到的那位聪明人又认为李奇注解的意思是：要等种桐树之时，太官造的马酒才熟。他的学识竟浅陋到如此地步。太山的羊肃，也称得上有学问的人，他读《潘岳赋》中"周文弱枝之枣"一句，把"枝"字读作杖策的杖字；他读《世本》中"容成造历（曆）"一句，把"历"（曆）字认作碓磨的磨字。

谈说制文，援引古昔，必须眼学，勿信耳受。江南闾里[1]间，士大夫或不学问，羞为鄙朴，道听途说，强事饰辞：呼征质[2]为周、郑，谓霍乱为博陆，上荆州必称陕西，下扬都言去海郡，言食则馉口[3]，道钱则孔方[4]，问移则楚丘，论婚则宴尔，及王则无不仲宣，语刘则无不公幹。凡有一二百件，传相祖述[5]，寻问莫知原由，施安[6]时复失所。庄生有乘时鹊起之说，故谢朓诗曰："鹊起登吴台。"吾有一亲表，作《七夕》诗云："今夜吴台鹊，亦共往填河[7]。"《罗浮山记》云："望平地树如荠。"故戴暠诗云："长安树如荠。"又邺下有一人《咏树》诗云："遥望长安荠。"又尝见谓矜诞为夸毗[8]，呼高年为富有春秋[9]，皆耳学之过也。

[注释]

1 闾里：乡里，古时平民聚居之处。

2 质：典当，抵押。

3 馉口：寄食。

4 孔方：钱的别称。

5 祖述：效法遵循前人的行为或学说。

6 施安：疑为"施行"。

7 填河：也称"填桥"。民间传说，每年七月七牛郎织女相会，群鹊衔接为桥以渡银河。

8 夸毗：以阿谀、卑屈取媚于人。

9 春秋：指年数。富有春秋：指年纪小。

［译文］

谈话写文章，援引古代的事物，必须是自己的亲眼看到的，而不是耳朵所听到的，江南乡里间，有些士大夫不肯学习，又羞于被视为鄙陋浅俗，就把一些道听途说的东西拿来装饰门面。比如，把征质呼为周郑，把霍乱叫作博陆，上荆州一定要说成上陕西，下扬都说成去海郡，把吃饭说糊口，把钱称为孔方，把迁徙之处讲成楚丘。把婚姻说成宴尔，讲到姓王的人无不称为仲宣，谈起姓刘的人无不呼作公干。这类"典故"有一二百个，士大夫们前后相承，一个跟着一个学。如果向他们问起这些"典故"的缘由，没有一个能答出来；用于言谈文章，常常是不伦不类。庄子有乘时鹊起的说法，所以谢朓的诗中就说："鹊起登吴台。"我有一位表亲，作的一首《七夕》诗又说："今夜吴台鹊，亦共往填河。"《罗浮山记》上说："望平地树如荠。"所以戴暠的诗就说："长安树如荠。"而邺下有一个人的《咏树》诗又说："遥望长安荠。"我还曾经见过有人把矜诞解释为夸毗，称年老为富有春秋，这些都是"耳学"的过错。

夫文字者，坟籍根本。世之学徒，多不晓字：读

《五经》者，是徐邈而非许慎；习赋诵者，信褚诠而忽吕忱；明《史记》者，专徐、邹而废篆籀[1]；学《汉书》者，悦应、苏而略《苍》《雅》。不知书音是其枝叶，小学[2]乃其宗系。至见服虔、张揖音义则贵之，得《通俗》《广雅》而不屑。一手之中，向背如此，况异代各人乎？夫学者贵能博闻也。郡国[3]山川，官位姓族，衣服饮食，器皿制度，皆欲根寻，得其原本；至于文字，忽不经怀[4]，己身姓名，或多乖舛，纵得不误，亦未知所由。

近世有人为子制名：兄弟皆山傍立字，而有名峙者，兄弟皆手傍立字，而有名机者；兄弟皆水傍立字，而有名凝者。名儒硕学，此例甚多。若有知吾[5]钟之不调，一何可笑。

[**注释**]

1 篆zhuàn籀zhòu：古代书体，篆为小篆，籀指大篆。

2 小学：汉代称文字学为小学，隋唐以后，其范围扩大成为文字学、训诂学、音韵学的总称。

3 郡国：汉代这划分了郡与国。郡直辖于朝廷，国分封于诸王侯。

4 忽：轻视。经怀：留心。

5 吾：应为晋。

［译文］

文字是书籍的根本。世上求学的人，很多人都不通字义：通读《五经》的人，肯定徐邈而非许慎；学习赋诵的人，信奉褚诠而忽略吕忱；崇尚《史记》的人，只对徐野民、邹诞生的《史记音义》这类书感兴趣，却废弃了对篆文字义的钻研；学习《汉书》的人，喜欢应劭、苏林的注解而忽略了《三苍》《尔雅》。他们不明白语音只是文字的枝叶，而字义才是文字的根本。以至有人见了服虔、张揖有关音义的书就十分重视，而得到同是这两人写的《通俗文》《广雅》却不屑一顾。对同出一人之手的著作，居然如此厚此薄彼，何况对不同时代不同人的著作呢？求学的人都以博闻为贵。他们对于郡国山川、官位姓族、衣服饮食、器皿制度，都希望刨根问底，找出它的源头来；但对于文字，却漫不经心，自家的姓名，也往往出现谬误，即使不出错误的，也不知它的由来。近代有些人给孩子起名，弟兄几个的名字都用山作偏旁，其中就有取名为峙的；弟兄几个的名字却用手作偏旁，其中就有取名为机的；兄弟几个的名字都用水作偏旁，其中就有取名为凝的。在那些知名的大学者中，这类例子很多。如果他们明白这与晋平公的乐工听不出钟的乐音不协调是一回事的话，就会感到这是多么可笑。

吾尝从齐主幸[1]并州，自井陉关入上艾县，东数十里，有猎闾村。后百官受马粮在晋阳东百余里亢仇城侧。并不识二所本是何地，博求古今，皆未能晓。及检《字林》《韵集》，乃知猎闾是旧䣝余聚，亢仇旧是䝔𤜊亭，悉属上艾。时太原王劭欲撰乡邑记注，因此二名闻之，大喜。

吾初读《庄子》“螝[2]二首”，《韩非子》曰：“虫有螝者，一身两口，争食相龁[3]，遂相杀也”，茫然不识此字何音，逢人辄问，了无解者。案：《尔雅》诸书，蚕蛹名螝，又非二首两口贪害之物。后见《古今字诂》，此亦古之虺[4]字，积年凝滞，豁然雾解[5]。

[注释]

1 幸：帝王驾临。

2 螝huǐ：虫蛹。

3 龁hé：咬。

4 虺huǐ：毒蛇。

5 雾解：像雾一样散开。

[译文]

我曾经跟从北齐文宣帝到并州去，从井陉关进入上艾县，从那里往东几十里，有一个猎闾村。后来，百官又在晋阳以东百余里的亢仇城旁接受马粮。大家都不知道上述两个地方原本是哪里，广泛查阅古今书籍，都没有弄明白。直到我翻检《字林》《韵集》这两本书，才知道猎间就是过去的镰余聚，亢仇就是馒臿亭，都属于上艾县。当时太原的王邵想撰写乡邑记注，我把这两个旧地名说给他听，他非常高兴。

我刚开始读《庄子》的这句"螝二首"和《韩非子》的这句"虫有螝者，一身两口，争食相龁，遂相杀也"时，不知道"螝"字是什么读音，见人就问，没有一个知道的。据考证，《尔雅》等书上说蚕蛹就是所谓"螝"，但又不是那种有两个头两张嘴贪婪凶残的动物。后来看了《古今字诂》才知道"螝"就是古代的"虺"字，一直以来积滞在心里的疑问终于像雾一样散开了。

尝游赵州，见柏人城北有一小水，土人亦不知名。后读城西门徐整碑云："洦[1]流东指。"众皆不识。吾案《说文》，此字古魄字也，洦，浅水貌。此水汉来本无名矣，直以浅貌目之，或当即以洦为名乎？

世中书翰[2]，多称匆匆，相承如此，不知所由，或有妄言此忽忽之残缺耳。案：《说文》："勿者，州里[3]所建之旗也，象其柄及三斿[4]之形，所以趣[5]民事。故匆遽[6]者称为匆匆。"

［注释］

1　洦pò：“魄”的古字，水浅的样子。

2　书翰：书信。

3　州里：泛指乡里。古代两千五百家为州，二十五家为里。

4　斿liú：古代旌旗末端下垂的飘带之类装饰物。

5　趣：即“促”，催促。

6　匆遽jù：匆促，急速。

［译文］

我曾经游览赵州，看见柏人城北有一条小溪，本地人也不知道它的名字。后来读到城西门徐整碑的碑文：“洦流东指。”人们都不认识这个字。我查了下《说文解字》，上面说这个字是古代的“魄”字，洦，是水浅的样子。这条小溪从汉朝就没有名字，只是看起来水是浅浅的一条小溪，说不定就正好因此叫它“洦”呢？

世上的书信，内中多有“匆匆”这个词语，历来相承如此，不知道它的根由，有人乱下结论说这就是“忽忽”的残缺。按：《说文》中说：“匆，是乡里所树立的旗帜，这个字像旗杆和旗帜末端三条飘带的形状，是用来催促民事的。所以就把匆忙急迫称为“匆匆”。

吾在益州，与数人同坐，初晴日晃，见地上小光，问左右："此是何物？"有一蜀竖[1]就视，答云："是豆逼耳。"相顾愕然，不知所谓。命取将来，乃小豆也。穷访蜀土，呼粒为逼，时莫之解。吾云："《三苍》《说文》，此字白下为匕，皆训粒，《通俗文》音方力反。"众皆欢悟。

憨楚友婿窦如同从河州来，得一青鸟，驯养爱玩，举俗呼之为鹖。吾曰："鹖出上党，数曾见之，色并黄黑，无驳杂也。故陈思王《鹖赋》云：'扬玄黄之劲羽。'"试检《说文》："鸲雀似鹖[2]而青，出羌中。"《韵集》音介。此疑顿释。

梁世有蔡朗者讳纯，既不涉学，遂呼莼[3]为露葵。面墙之徒，递相仿效。承圣中，遣一土大大聘齐，齐主客郎李恕问梁使曰："江南有露葵否？"答曰："露葵是莼，水乡所出。卿今食者绿葵菜耳。"李亦学问，但不测彼之深浅，乍闻无以核覈究。

思鲁等姨夫彭城刘灵，尝与吾坐，诸子侍焉。吾问儒行、敏行曰："凡字与谘议名同音者，其数多少，能尽识乎？"答曰："未之究也，请导示之。"吾曰："凡如此例，不预研检，忽见不识，误以问人，反为无赖所欺，不容[4]易[5]也。"因为说之，得五十许字。诸刘叹曰："不意乃尔！"若遂不知，亦为异事。

[**注释**]

1 竖：童仆。

2 鹖hé：一种鸟，名鹖鸡。

3 莼chún：多年生水草。

4 不容：不能，不可以。

5 易：等闲视之。

[**译文**]

我在益州的时候，和几个人聊天，天气刚晴阳光出来了，我看见地上有发光的小点问身边的人："这是什么？"有一个蜀地的童仆看了一眼回答说："是豆逼。"人们都很惊愕不知道他说的是什么。我让他将那东西拿来，原来就是小豆。后来我拜访了很多蜀地的人，知道他们把"粒"叫作"逼"，当时的人都不能理解其中原因。我说："在《三苍》《说文解字》里，是'白'下面加'匕'，都解释为'粒'。《通俗文》里给它注的音是方力反。"大家明白后都十分高兴。

愍楚的连襟窦如同从河州归来时得到一只青色的鸟，驯养得很温顺，人们都称它为"鹖"。我说："鹖鸟产自上党，我见过多次，毛色是黄黑两色，没有斑驳杂色的。所以曹植的《鹖赋》说：'展开黑黄色的翅膀。'"我试着翻看《说文解字》里的说法是"鹤雀与鹖形似，但它的毛色却

是青色的，出产于羌中。"《韵集》里认为这个字读音为
"介"。那这个疑问终于解开了。

梁朝有个叫蔡朗的人很避讳"纯"字，他又没什么学
问，就把莼菜称作露葵。那些没见识的人就跟着效仿他。承
圣年间，梁朝派遣一位官员出使北齐，北齐的主客郎李恕问
梁朝使臣说："江南有露葵吗？"使者回答说："露葵就是
莼菜，水乡产的。您现在吃的就是绿葵菜。"李恕是有学问
的人，也不知对方学识深浅，自己竟是第一次听到这个说
法，但最终也无法查究此说法。

思鲁等的姨夫是彭城刘灵，他曾经跟我闲坐一块儿过，
当时他的几个儿子都在旁边。我问儒行、敏行："与你们父
亲名字同音的字有多少？你们都能认识吗？"他们回答说：
"我们没有探究过，请您指导。"我说："像这一类的字，
之前没有研究的，当遇到时不认识，错拿着去问别人，反而
会被小人欺负，所以是不能轻视的啊。"于是我就告诉他
们，大约有五十个字左右。刘灵的儿子都感叹说："没想到
这么多啊！"如果他们以前一直都不知道，那还真是件怪
事啊。

校定书籍，亦何容易，自扬雄、刘向，方称此职
耳。观天下书未遍，不得妄下雌黄[1]。或彼以为非，此以
为是；或本同末异；或两文皆欠，不可偏信一隅也。

［注释］

1 雌黄：古人以黄纸写字，有误，则以雌黄涂之。因此称改易文字为雌黄。

［译文］

考核订正书籍，是很不容易的，从扬雄、刘向开始，才有人胜任这个工作了。天下的书籍没有看遍，就不能任意改动书籍的文字，有时那个版本认为是错误的，这个又认为是正确的；有时，开头是相同的，后来却出现分歧；有时，两版本的同一处文字都不妥当；所以不可以偏信一种说法。

文章第九

　　夫文章者，原出《五经》：诏命[1]策檄，生于《书》者也；序述论议[2]，生于《易》者也；歌咏赋颂[3]，生于《诗》者也；祭祀哀诔[4]，生于《礼》者也；书奏[5]箴铭，生于《春秋》者也。朝廷宪章，军旅誓[6]诰，敷显仁义，发明功德，牧民建国，施用多途。至于陶冶性灵，从容讽谏，入其滋味[7]，亦乐事也。行有余力，则可习之。然而自古文人，多陷轻薄：屈原露才扬己，显暴君过；宋玉体貌容冶，见遇俳优；东方曼倩，滑稽不雅；司马长卿，窃赀无操；王褒过章《僮约》；扬雄德败《美新》；李陵降辱夷虏；刘歆反复莽世；傅毅党附权门；班固盗窃父史；赵元叔抗竦过度；冯敬通浮华摈压；马季长佞媚获诮；蔡伯喈同恶受诛；吴质诋忤乡里；曹植悖慢犯法；杜笃乞假无厌；路粹隘狭已甚；陈琳实号粗疏；繁钦性无检格；刘桢屈强输作；王粲率躁见嫌；孔融、祢衡，诞傲致殒；杨修、丁廙，扇动取毙；阮籍无礼败俗；嵇康凌物凶终；傅玄忿斗免官；孙楚矜夸凌上；陆机犯顺履险；潘岳干没取危；颜延年负气摧黜；谢灵运空疏乱纪；王元长凶贼自诒；谢玄晖侮慢见及。凡此诸人，皆其翘秀者，不能悉纪，大较如此。至于帝王，亦或未免。自昔天子而有才华者，唯汉武、魏太祖、文帝、明帝、宋孝武帝，皆负世议，非懿德之君也。自子游、子夏、荀况、孟轲、枚乘、贾谊、苏武、张衡、左思之俦，有盛名而免过患者，时复闻之，但其损败居多耳。每尝思之，原其所积，文章之体，标举兴会，发引性灵，使人矜伐，故忽于持操，果于进取。今世文士，此患弥切，一事惬当，一句清巧，神厉九霄，志凌千载，自吟自赏，不觉更有傍人。加以砂砾所伤，惨于矛戟，讽刺之祸，速乎风尘，深宜防虑，以保元吉[8]。

[**注释**]

1 命：古代政府的一种公文。

2 序述论议：序、述、论、议，均为古代文体名。

3 歌咏赋颂：歌、咏、赋、颂，均为古代诗体或韵文体名。

　　4 祭祀哀诔：祭、祀、哀、诔，均为古代文体。哀悼死者，记述死者生平的文章。

　　5 书奏：指书简、奏章等。

　　6 誓：告诫将士或互相约束的言辞。

　　7 滋味：味道。此指对文章魅力的感受。

　　8 元：大。吉：福。

[**译文**]

　　文章都来源于《五经》：诏、命、策、檄，是从《书》中产生的；序、述、论、议，是从《易》中产生的；歌、咏、赋、颂，是从《诗》中产生的；祭、祀、哀、诔，是从《礼》中产生的；书、奏、箴、铭，是从《春秋》中产生的。朝廷中的典章制度，军队里的誓、诰之辞，传布显扬仁义，阐发彰明功德，统治人民，建设国家，文章的用途是多种多样的。至于以文章陶冶情操，或对旁人婉言劝谏，进入那种特别的审美感受，也是一件快乐的事。在奉行忠孝仁义尚有过剩精力的情况下，也可以学学这类文章。但是自古以来，文人多陷于轻薄：屈原表露才华，自我宣扬，暴露国君的过失；宋玉相貌艳丽，被当作俳优对待；东方朔言行滑稽，缺乏雅致；司马相如攫取卓王孙的钱财，不讲节操；王褒私入寡妇之门，在《僮约》一文中自我暴露；扬雄作《剧秦美新》歌颂王莽，其品德因此遭到损害；李陵向外族俯首投降；刘歆在王莽的新朝反复无常；傅毅投靠依附权贵；班固剽窃他父亲的《史记后传》；赵壹为人过分倨傲；冯衍因秉性浮华屡遭压抑；马融谄媚权贵遭致讥讽；蔡邕与恶人同遭惩罚；吴质在乡里仗势横行；曹植傲慢不驯，触犯刑法；杜笃向人索借，不知满足；路粹心胸过分狭隘；陈琳确实粗枝大叶；繁钦不知检点约束；刘桢性情倔强，被罚做苦工；王粲轻率急躁，遭人嫌弃；孔融、祢衡放诞倨傲，招致杀身之祸；杨修、丁廙鼓动曹操立曹植为太子，反而自取灭亡；阮籍蔑视礼教，伤风败欲；嵇康盛气凌人，不得善终；傅玄负气争斗，被免掉官职；孙楚恃才自负，冒犯上司；陆机违反正道，自走绝路；潘岳唯利是图，不知进退，以致遭到伤害；颜延年意气用事，遭到废黜；谢灵运空放粗略，扰乱朝纪；王元长凶恶残忍，咎由自取；谢朓对人轻忽傲慢，因而遭到陷害。以上这些人，都是文人中出类拔萃之辈，不能全都记载下来，大致如此吧。至于帝王，有时也难以幸免。过去身为天子而有才华的，只有汉武帝、魏太祖、魏文帝、魏明帝、宋孝武帝等几个人，他们都遭到世人的议论，并不是具有美德的君主。子游、子夏、荀况、孟轲、枚乘、贾谊、苏武、张衡、左思这类人，有盛名而又能避免过失的，不时也可听到，但他们中间遭受祸患的还是占多数。我常常思考这个问题，推究其中所蕴含的道理，文章的本质就是揭示兴味，抒发性情，容易使人恃才自夸，因而忽视操守，却勇于进取。现代的文人，这个毛病更加深切，他们若是一个典故用得快意妥当，一句诗文写得清新奇巧，就神采飞扬直达九霄，心潮澎湃雄视千载，独自吟诵叹赏，不觉世上还有旁人。更加上言辞所造成的伤害，比矛、戟等武器更加残酷，讽刺带来的灾祸，比狂风闪电还要迅速，你们应该特别加以防备，以保大福。

学问有利钝，文章有巧拙。钝学累功，不妨精熟；拙文研思，终归蚩鄙。但成学士，自足为人。必乏天才，勿强操笔。吾见世人，至无才思，自谓清华，流布丑拙，亦以众矣，江南号为"誃痴符"[1]。近在并州，有一士族，好为可笑诗赋，誂擎[2]邢、魏诸公，众共嘲弄，虚相赞说，便击牛酾酒[3]，招延声誉。其妻，明鉴妇人也，泣而谏之。此人叹曰："才华不为妻子所容，何况行路！"至死不觉。自见之谓明，此诚难也。

[**注释**]

1 誃líng痴符：古代方言，指没有才学而好夸耀的人。

2 誂tiǎo擎piē：誂同"佻"。戏言嘲弄。

3 酾shī酒：倒酒、斟酒。

［译文］

做学问有敏捷与迟钝之别，写文章有精巧与拙劣之别。学问迟钝的人不断努力，可以做到精通熟练；文章拙劣的人尽管反复钻研思考，其文章还是难免粗野鄙陋。只要能成为有学之士，也足以在世上为人了。确实缺乏天分，就不要勉强去握笔杆子。我看世上有些人，一点才思也没有，却自称他的文章清丽华美，那些丑陋拙劣的文章到处传布，这种人也太多了，江南称这种人为"诊痴符"。最近在并州有一位士族，喜欢写一些可笑的诗赋，与刑邵、魏收诸公开玩笑，大家都来嘲弄这位士族，假意称赞他的诗赋，这位士族信以为真，就杀牛倒酒，请客招延名声。他的妻子是一位明白事理的人，哭着劝他别这样做。这位士族叹息说："我的才华不被妻子所容，何况路人呢？"至死也没有觉悟。自己了解自己才可称得上聪明，这确实不容易啊。

学为文章，先谋亲友，得其评裁，知可施行，然后出手；慎勿师心[1]自任，取笑旁人也。自古执笔为文者，何可胜言。然至于宏丽精华，不过数十篇耳。但使不失体裁[2]，辞意可观，便称才士；要须动俗盖世，亦俟河之清乎！

[注释]

1 师心：以己意为师，即自以为是。

2 体裁：这里是文章的结构剪裁。

[译文]

学习写文章，应先找亲友征求意见，经过他们的批评鉴别，知道可以在社会上传播了，然后才脱稿；切莫由着性子自作主张，以免被别人耻笑。自古以来执笔写文章的人怎么可以说尽，但能够达到宏丽精美这种程度的，不过几十篇罢了。只要使文章不脱离它应有的结构规范，表词达意还说得过去，就可称为才士。一定要使文章惊世骇俗，只怕要等到黄河的水变清吧！

不屈二姓，夷、齐之节也；何事非君，伊、箕之义也。自春秋以来，家[1]有奔亡，国有吞灭，君臣固无常分矣。然而君子之交绝无恶声，一旦屈膝而事人，岂以存亡而改虑？陈孔璋居袁裁书，则呼操为豺狼；在魏制檄，则目绍为蛇虺。在时君所命，不得自专，然亦文人之巨患也，当务从容消息[2]之。

[注释]

1 家：此指古代卿大夫及其家族。

2　消息：这里是斟酌的意思。

［译文］

不屈身于两个王朝，这是伯夷、叔齐的气节，对任何君主都可侍奉，这是伊尹、箕子的品德。自从春秋以来，士大夫家族流亡奔窜，国家被吞并灭亡，君臣之间本来就没有固定的名分了。然而君子之间交往虽然断绝，相互之间却不该发出辱骂之声，一旦屈膝侍奉于人，怎么能够因为自己的生死而改变初衷呢？陈孔璋在袁绍手下撰文，就称曹操为豺狼；在魏国那儿写檄文，则视袁为蛇蝎。这是因为受当时君主之命，自己不能做主，但这也算是名人的大毛病了，应该好好地反思一下。

或问扬雄曰："吾子[1]少而好赋？"雄曰："然。童子雕虫篆刻，壮夫不为也。"余窃非之曰：虞舜歌《南风》之诗，周公作《鸱鸮》之咏，吉甫、史克《雅》《颂》之美者，未闻皆在幼年累德也。孔子曰："不学《诗》，无以言。""自卫返鲁，乐正，《雅》《颂》各得其所。"大明孝道，引《诗》证之。扬雄安敢忽之也？若论"诗人之赋丽以则，辞人之赋丽以淫"，但知变之而已，又未知雄自为壮夫何如也？著《剧秦美新》，妄投于阁，周章怖慑，不达天命，童子之为耳。

桓谭以胜老子，葛洪以方仲尼，使人叹息。此人直以晓算术，解阴阳，故著《太玄经》，数子为所惑耳；其遗言余行，孙卿、屈原之不及，安敢望大圣之清尘？且《太玄》今竟何用乎？不啻[2]覆酱瓿[3]而已。

[**注释**]

1 吾子：对人的尊称，"您"的意思。

2 不啻chì：不过。

3 瓿bù：小瓮。

[**译文**]

有人问扬雄说："您年轻的时候就喜欢写赋吗？"扬雄说："是的。但是辞赋是小孩子练的虫书、刻符，大丈夫是不干这些的。"我私下认为并不是这样的：虞舜吟诵的《南风》，周公所作的《鸱鸮》，尹吉甫、史克所作的那些收在《雅》《颂》中的美好文章，倒都没听说他们因为在年轻时写诗而损坏了德行。孔子说："不学《诗经》，就不知该如何应答。"又说："我从卫国回到鲁国，对《诗》的乐章进行整理，使得《雅》和《颂》都各得其所。"孔子宣扬孝道，就引用了《诗经》来佐证。扬雄怎么敢忽视诗赋呢？如果就他说的"诗人的赋华丽而合乎法度，辞人的赋华丽得过度"来看，那也只不过是看到了两者之间的区别而已，不知道扬雄自从成年之后又做得怎么样呢？他写了《剧秦美新》，又曾经糊涂地从天禄阁往下跳，处事惊慌失措，不能乐天知命，不过像是小孩子的行为罢了。桓谭认为扬雄胜过老子，葛洪将他和孔子相提并论，实在是让人叹息。扬雄只不过是通晓术数，懂得阴阳之学，所以写了《太玄经》，那些人都被他迷惑了；他的言辞德行连荀子和屈原都比不上，又怎么能和老子、孔子这样的大圣人相提并论呢？况且《太玄经》在今天有什么用途呢？不过是被人拿来盖在酱缸上罢了。

　　齐世有席毗者，清干之士，官至行台尚书，嗤鄙文学，嘲刘逖云：“君辈辞藻，譬若荣华[1]，须臾之玩，非宏才也；岂比吾徒千丈松树，常有风霜，不可凋悴矣！”刘应之曰：“既有寒木，又发春华，何如也？”席笑曰：“可哉！”

[注释]

1　荣华：朝菌，见日则死。

[译文]

　　齐朝有位叫席毗的人，是位清廉干练之士，官做到行台尚书。他讥笑鄙视文学，嘲讽刘逖说：“你辈的辞藻，好比那荣华，只能供片刻观赏，不是栋梁之才，哪能比得上我们这样的千丈松树，虽然常有风霜侵袭，也不会凋零！"刘逖回答道："既是耐寒的树木，又能开放春花，怎么样呢？"席毗笑着说："那当然可以啦！"

凡为文章，犹人乘骐骥，虽有逸气[1]，当以衔勒制之，勿使流乱轨躅[2]，放意填坑岸也。

[注释]

1 逸气：俊逸之气。

2 轨躅zhú：轨迹。

[译文]

凡是写文章，就好比人乘良马，虽然颇有俊逸之气，也应该用衔勒来控制它，不要让它错乱轨迹，肆意放纵地填充沟壑。

文章当以理致[1]为心肾，气调为筋骨，事义[2]为皮肤，华丽为冠冕[3]。今世相承，趋末弃本[4]，率多浮艳。辞与理竞，辞胜而理伏；事与才争，事繁而才损。放逸者流宕而忘归，穿凿者补缀而不足。时俗如此，安能独违？但务去泰去甚耳。必有盛才重誉，改革体裁者，实吾所希。

[注释]

1　理致：指作品的思想情趣。

2　事义：指作品所运用的典实，即下文所说的"用事"。

3　冠冕：这里指服饰。

4　趋末弃本：末，指华丽。本，指理致、气调。

[译文]

文章应该以义理情致为心肾，以气韵才调为筋骨，以事理情义为皮肤，以华丽辞句为服饰。现在的人相互承袭，反而趋向枝节，放弃根本，所写文章大多轻浮华艳，文辞与义理相互比较，则文辞优美而义理薄弱；内容与才华相互争胜，则内容繁杂而才华受损。放纵不羁者的文章，流利酣畅却忘了题，深究琢磨者的文章，材料堆砌却文采不足。现在的风气就是如此，你们哪能独自避免呢？只要做到所写文章不过分，不走极端也就可以了。如果能有才华出众、声誉极高的人来改革文章的体裁实在是我所希望的。

古人之文，宏材逸气，体度风格，去今实远；但缉缀[1]疏朴，未为密致耳。今世音律谐靡，章句偶对，讳避精详，贤于往昔多矣。宜以古之制裁为本，今之辞调为末，并须两存，不可偏弃也。

[注释]

1 缉缀：指文章的撰写连缀。

[译文]

古人的文章，才华横溢，气势洒脱，其体态风格，与今天相去甚远。只是它遣词造句简略质朴，不够严密细致。如今的文章音律和谐缠绵，语句配偶对称，避讳精确详尽，技巧方面比过去强多了。应该以古人文章的体制构架为根本，以今人文章的辞句音调为枝叶，两者应该并存，不可偏废。

吾家世文章，甚为典正，不从流俗，梁孝元在蕃邸[1]时，撰《西府新文》，讫无一篇见录者，亦以不偶于世，无郑、卫之音[2]故也。有诗赋铭诔书表启疏二十卷，吾兄弟始在草土[3]，并未得编次，便遭火荡尽，竟不传于世。衔酷茹恨，彻于心髓！操行见于《梁史·文士传》及孝元《怀旧志》。

[注释]

1 蕃邸：指梁元帝被封为湘东王时在镇江的住所。

2 郑、卫之音：春秋战国时期郑国和卫国的俗乐，与雅乐不同。《论语·卫灵公》中有"郑声淫"之说。郑卫之音后泛指淫靡的乐歌或靡丽的文风。

3 草土：居丧。古时居父母之丧者睡草席枕土块，故曰草土。

[译文]

我先父的文章，十分典雅纯正，不盲从流俗。梁孝元帝为湘东王时，编成《西府新文》，先父的文章竟没有一篇被收录的，这是因为他的文章不合世俗的口味，没有靡丽的辞句。他留下了诗、赋、铭、诔、书、表、启、疏等各类文章共二十卷，我们兄弟当时正在守丧，这些文章都没有来得及编排整理，就遇到火灾被烧光了，最终未能传世。我怀此惨痛遗恨，真是痛彻心肺骨髓！先父的操行见于《梁史·文士传》以及孝元帝的《怀旧志》。

沈隐侯曰："文章当从三易：易见事，一也；易识字，二也；易读诵，三也。"邢子才常曰："沈侯文章，用事不使人觉，若胸臆语也。"深以此服之。祖孝征亦尝谓吾曰："沈诗云：'崖倾护石髓[1]。'此岂似用事邪？"

[注释]

1 石髓：石钟乳。

[译文]

沈隐侯说："文章应当遵从'三易'的原则：容易了解典故，这是第一点；容易认识文字，这是第二点；容易诵读，这是第三点。"刑子才常说："沈约的文章，用典让人难以察觉，就像自己的心里话。"我因此很佩服他。祖孝征也曾经对我说："沈约的诗说'崖倾护石髓'，这难道像在用典吗？"

邢子才、魏收俱有重名，时俗准的[1]，以为师匠。邢赏服沈约而轻任昉，魏爱慕任昉而毁沈约，每于谈宴，辞色以之。邺下纷纭，各有朋党。祖孝征尝谓吾曰："任、沈之是非，乃邢、魏之优劣也。"

[注释]

1 准的：标准。

[译文]

邢子才和魏收都有盛名，一般人习惯于把他们视为标准，当作宗师。邢子才欣赏沈约而轻视任昉，魏收爱慕任昉而诋毁沈约，二人每当谈天喝酒时，就争得面红耳赤。邺下人物盛多，二人各有自己的朋党。祖孝征曾经对我说："任昉、沈约二人的是非，就代表着邢子才、魏收二人的优劣。"

《吴均集》有《破镜赋》。昔者，邑号朝歌，颜渊不舍；里名胜母，曾子敛襟：盖忌夫恶名之伤实也。破镜乃凶逆之兽，事见《汉书》，为文幸避此名也。比世往往见有和人诗者，题云敬同，《孝经》云："资于事父以事君而敬同。"不可轻言也。梁世费旭诗云："不知是耶[1]非。"殷沄诗云："飘飏云母舟[2]。"简文曰："旭既不识其父，沄又飘飏其母。"此虽悉古事，不可用也。世人或有文章引《诗》"伐鼓渊渊"者，《宋书》已有屡游之诮；如此流比[3]，幸须避之。北面[4]事亲，别舅摛《渭阳》之咏；堂上养老，送兄赋桓山之悲，皆大失也。举此一隅，触涂[5]宜慎。

[**注释**]

1 耶：南朝俗称父亲为"耶"。

2 云母舟：以云母装饰之舟。

3 流比：同类比照类推。

4 北面：古礼，臣拜君、卑幼拜尊长，面向北行礼，因而云臣下、晚辈之位曰“北面”。

　　5　触涂：处处。

[译文]

　　《吴均集》中有《破境赋》一文。古时候，有座城邑名叫朝歌，颜渊因为这名称就不在那里停留；有条里弄名叫胜母，曾子到此赶紧修饰仪容以示恭敬：他们大概是怕这些不好的名称损伤了事物的实质吧。破镜是一种凶恶的野兽，它的典故见于《汉书》，希望你们写文章时避开这个名字。近代常看见奉和别人诗歌的人，在和诗的题目中写上敬同二字，《孝经》中说：“资于事父以事君而敬同。”可见这两个字是不能随便说的。梁朝费旭的诗说：“不知是耶非。”殷沄的诗说：“飘飏云母舟。”简文帝讥讽他俩说：“费旭既不认识他的父亲，殷沄又让他的母亲四处飘荡。”这些虽然都是旧事，也不可以随便引用。有的人在文章中引用《诗经》中“伐鼓渊渊”的诗句。《宋书》对这类乱用词语的人已有所讥讽，依此类推，希望你们也一定要避免此类事情发生。有人尚在侍奉母亲，与舅舅分别时却吟唱《渭阳》这种思念亡母的诗歌；有人父亲尚健在，送别兄长时却引用“桓山之鸟”这种表现父亡卖子的悲痛的典故，这些都是大的过失。仅仅举以上这几个例子，你们就应该知道处处慎重。

江南文制[1]，欲人弹射，知有病累，随即改之，陈王得之于丁廙也。山东风俗，不通击难[2]。吾初入邺，遂尝以此忤人，至今为悔；汝曹必无轻议也。

[注释]

1 文制：即"制文"，写文章。

2 击难：攻击，责难。

[译文]

江南人写文章，希望别人批评指正，知道毛病所在，立即改正，曹植从丁廙那里就感受过这种风气。山东的风俗，不懂得请别人客观评价自己的文章。我刚到邺城的时候，就曾经因此而触犯人，至今感到后悔，你们一定不要随便议论别人的文章。

凡代人为文，皆作彼语，理宜然矣。至于哀伤凶祸之辞，不可辄代。蔡邕为胡金盈作《母灵表颂》曰："悲母氏之不永，然委我而夙丧。"又为胡颢作其父铭曰："葬我考议郎君。"《袁三公颂》曰："猗欤[1]我祖，出自有妫。"王粲为潘文则《思亲诗》云："躬此劳悴，鞠予小人；庶我显妣，克保遐年。"而并载乎邕、粲之集，此例甚众。古人之所行，今世以为讳。陈思王《武帝诔》，遂深永蛰之思；潘岳《悼亡赋》，乃怆手泽之遗：是方父于虫，匹妇于考也。蔡邕《杨秉碑》云："统大麓之重。"潘尼《赠卢景宣诗》云："九五思飞龙。"孙楚《王骠骑诔》云："奄忽[2]登遐。"陆机《父诔》云："亿兆宅心，敦叙百揆[3]。"《姊诔》云："㑳[4]天之和。"今为此言，则朝廷之罪人也。王粲《赠杨德祖诗》云："我君饯之，其乐泄泄[5]。"不可妄施人子，况储君乎?

挽歌辞者，或云古者《虞殡》之歌，或云出自田横之客，皆为生者悼往告哀之意。陆平原多为死人自叹之言，诗格既无此例，又乖制作本意。

[注释]

1 猗欤：叹词。

2 奄忽：这里是死亡的意思。

3 百揆：百官。

4 㑳qiàn：譬喻，如同，好比。

5 泄泄yì：闲散自得的样子。

[译文]

凡是替别人写文章，都要用他的口气，这从道理上说是应该的。表达哀伤凶祸内容的文章是不可以随便替别人代笔的。蔡邕为胡金盈作《母灵表颂》中说："悲母氏之不永，然委我而夙丧。"又为胡颢作父诔，诔文中说："葬我考议郎君。"还有《袁三公颂》中说："猗欤我祖，出自有妫。"王粲替潘文则写的《思亲诗》中说："躬此劳悴，鞠予小人；庶我显妣，克保遐年。"而这些文章都收在了蔡邕和王粲的文集里，这样的例子非常多。古人所通行的做法，在现在看来是犯了忌讳。陈思王曹植在《武帝诔》中以"永蛰"表示对父亲的思念；潘岳的《悼亡赋》中以"手泽"指亡妻留下的物品，并抒发看到妻子遗物的悲怆之情。前者是将父亲比作虫子，后者则是将亡妻等同于亡父了。蔡邕的《杨秉碑》中说："统大麓之重。"潘尼的《赠卢景宣诗》中说："九五思飞龙。"孙楚在《王骠骑诔》中说："奄忽登遐。"陆机的《父诔》中写道："亿兆宅心，敦叙百揆。"《姊诔》又说："伣天之和。"现在要是再写这样的话，那就是朝廷的罪人了。王粲在《赠杨德祖诗》中说："我君饯之，其乐泄泄。""其乐泄泄"是郑庄公和母亲重归于好时说过的话，这种话是不可以随便用在别人子女身上的，何况还是太子呢？

挽歌辞，有人说它始于古代的《虞殡》之歌，也有人说出自田横的门客，所有的挽歌辞都是活着的人用来追悼死者表达悲哀之情的。陆机所作的挽歌大多是死者的自我感叹之言，挽歌辞的格式中没有这样的例子，这也违背了创作挽歌辞的本意。

凡诗人之作，刺箴美颂，各有源流，未尝混杂，善恶同篇也。陆机为《齐讴篇》，前叙山川物产风教之盛，后章忽鄙山川之情，殊失厥[1]体。其为《吴趋行》，何不陈子光、夫差乎？《京洛行》，胡不述赧王、灵帝乎？

[注释]

1 厥jué：其。

[译文]

凡诗人的作品，指责的、规谏的、赞美的、歌颂的，各有其源流，不曾混杂，使善和恶同处一篇之中。陆机作《齐讴行》，前面叙述山川、物产、风俗、教化的兴盛，后面部分突然轻视山川之情，太背离此诗的风格了。他写《吴趋行》，为什么又不陈述阖闾、夫差的事呢？他写《京洛行》，为什么又不陈述周赧王、汉灵帝的事呢？

自古宏才博学，用事误者有矣；百家杂说，或有不同，书传湮灭，后人不见，故未敢轻议之。今指知决纰缪者，略举一两端以为诫。《诗》云："有鹭雉鸣。”又曰：“雉鸣求其牡。”《毛传》亦曰：“鹭，雌雉声。”又云：“雉之朝雊，尚求其雌。”郑玄注《月令》亦云：“雊，雄雉鸣。”潘岳赋曰：“雉鹭鹭以朝雊。”是则混杂其雄雌矣。《诗》云：“孔怀兄弟。”孔，甚也；怀，思也，言甚可思也。陆机《与长沙顾母书》，述从祖弟士璜死，乃言：“痛心拔脑，有如孔怀。”心既痛矣，即为甚思，何故方言有如也？观其此意，当谓亲兄弟为孔怀。《诗》云：“父母孔迩。”而呼二亲为孔迩[1]，于义通乎？《异物志》云：“拥剑状如蟹，但一螯[2]偏大尔。”何逊诗云：“跃鱼如拥剑。”是不分鱼蟹也。《汉书》：“御史府中列柏树，常有野鸟数千，栖宿其上，晨去暮来，号朝夕鸟。”而文士往往误作乌鸢用之。《抱朴子》说项曼都诈称得仙，自云：“仙人以流霞一杯与我饮之，辄不饥渴。”而简文诗云：“霞流抱朴碗。”亦犹郭象以惠施之辨为庄周言也。《后汉书》：“囚司徒崔烈以银铛[3]镣[4]。”银铛，大锁也；世间多误作金银字。武烈太子亦是数千卷学士，尝作诗云：“银锁三公脚，刀撞仆射头。”为俗所误。

[**注释**]

1　迩：近。

2　螯：蟹之大足。

3　锒铛：刑尺，铁锁链。

4　鏁：古同"锁"。

[译文]

　　自古以来，那些才华横溢，博学多识的人，引用典故发生错误的事是有的；诸子百家的各种学说，或许有所不同，倘若书籍已经失传，后人就无法看到，所以我也不敢随便谈论它们。现在我只说说肯定是绝对错谬的事例，略举一二让你们引以为诫。《诗经》中说："有鸦雉鸣。"又说："雉鸣求其牡。"《毛传》中也说："鸦，雌雉声。"《诗经》中又说："雉之朝雊，尚求其雌。"郑玄注解的《月令》中也说："雊，雄雉鸣。"潘岳的赋却说："雉鸦鸦以朝雊。"这就混淆了雌雄二者的区别。《诗经》中说："孔怀兄弟。"孔，很的意思；怀，思念的意思，孔怀，意思是十分想念。陆机《与长沙顾母书》，叙述从祖弟士璜之死，却说："痛心拔脑，有如孔怀。"心里既然感到伤痛，就表示十分思念，为什么说有如呢？看他这句话的意思，应该是说亲兄弟就是"孔怀"。《诗经》中说："父母孔迩。"如果按照上面的用法把父母亲叫"孔迩"，意思上说得通吗？《异物志》中说："拥剑状如蟹，但一螯偏大尔。"何逊的诗说："跃鱼如拥剑。"这是没有分清鱼和螃蟹的区别。

《汉书》中说："御史府中列柏树，常有野乌数千，栖宿其上，晨去暮来，号朝夕乌。"而文人们往往识作"乌鸢"来使用。《抱朴子》中说项曼都诈称遇见了仙人，自言："仙人以流霞一杯与我饮之，辄不饥渴。"而梁简文帝的诗说："霞流抱朴碗。"就好像把庄周辩说惠施的话当成庄周的话了。《后汉书》中说："囚司徒崔烈以锒铛锁。"锒铛，指铁锁链，世上的人大多把它误写作金银的银字。武烈太子也是饱读数千卷书的学者了，他曾经作诗说："银锁三公脚，刀撞仆射头。"这就是被世俗的写法贻误了。

文章地理，必须惬当。梁简文《雁门太守行》乃云："鹅军攻日逐[1]，燕骑荡康居，大宛归善马，小月[2]送降书。"萧子晖《陇头水》云："天寒陇水急，散漫俱分泻，北注徂黄龙，东流会白马。"此亦明珠之颣[3]，美玉之瑕，宜慎之。

[注释]

1 鹅：古阵名。日逐：匈奴王号。

2 小月：即小月氏，古西域国名。

3 颣lèi：原指丝上的疙瘩。引申为毛病缺点。

［译文］

文章中有关地理的内容，必须恰当。梁简文帝的《雁门太守行》中却说："鹅军攻日逐，燕骑荡康居，大宛归善马，小月送降书。"萧子晖的《陇头水》中说："天寒陇水急，散漫俱分泻，北注徂黄龙，东流会白马。"这也算是明珠中的毛病，美玉中的瑕疵，应该慎重对待了。

王籍《入若耶溪》诗云："蝉噪林逾静，鸟鸣山更幽。"江南以为文外断绝，物无异议。简文吟咏，不能忘之，孝元讽味，以为不可复得，至《怀旧志》载于《籍传》。范阳卢询祖，邺下才俊，乃言："此不成语，何事于能？"魏收亦然其论。《诗》云："萧萧马鸣，悠悠旆旌。"《毛传》曰："言不喧哗也。"吾每叹此解有情致，籍诗生于此耳。

兰陵萧悫[1]，梁室上黄侯之子，工于篇什。尝有《秋诗》云："芙蓉露下落，杨柳月中疏。"时人未之赏也。吾爱其萧散，宛然在目。颍川荀仲举、琅邪诸葛汉，亦以为尔。而卢思道之徒，雅所不惬。

何逊诗实为清巧，多形似之言[2]；扬都论者，恨其每病苦辛，饶贫寒气，不及刘孝绰之雍容也。虽然，刘甚忌之，平生诵何诗，常云："'蘧车响北阙'，懵懵[3]不道车。"又撰《诗苑》，止取何两篇，时人讥其不广。

刘孝绰当时既有重名，无所与让；唯服谢朓，常以谢诗置几案间，动静辄讽味。简文爱陶渊明文，亦复如此。江南语曰："梁有三何，子朗最多。"三何者，逊及思澄、子朗也。子朗信饶清巧。思澄游庐山，每有佳篇，亦为冠绝。

[注释]

1　萧悫què：北齐文学家。

2　形似：此处指形象，指描绘或表达具体生动。

3　懂懂huà：乖戾的样子。

[译文]

王籍《入若耶溪》诗中说："蝉噪林逾静，鸟鸣山更幽。"江南文人认为这两句诗无与伦比，无人对此持有异议。梁简文帝吟咏这两句诗后，难以忘怀；梁孝元帝讽读玩味之后，认为再无人写得出如此佳作，以至在《怀旧志》中把它记载在《王籍传》中。范阳人卢询祖，是邺下才俊，却说："这两句诗不像样子，怎么能说他有才能呢？"魏收也同意他的意见。《诗经》中说："萧萧马鸣，悠悠旆旌。"《毛诗诂训传》中说："意思是安静而不嘈杂。"我时常赞叹这个解释有情致，王籍的诗句就是由此产生的。

兰陵萧悫，是梁朝上黄侯萧晔的儿子，擅长写诗。他曾经写了一首《秋诗》，有两句说："芙蓉露下落，杨柳月中疏。"当时的人都不欣赏它。我却喜欢这两句诗的空远闲散，宛然如在眼前。颍川荀仲举、琅邪诸葛汉也认为如此。而卢思道那一帮人，却很不满意这两句诗。

何逊的诗歌确实清新奇巧，颇多生动形象的语句，邺下那些论诗者，却不满他的诗往往有苦辛之病，多贫寒之气，不及刘孝绰诗歌的雍容华贵。虽然这样，刘孝绰仍很忌讳何逊的诗，平时诵读何逊的诗，常常讥讽说：'蘧居响北阙'，懂懂不道车。"他又撰写了《诗苑》一书，只选取了何逊的两篇，当时人都责难他收得太少。刘孝绰当时已经有了大名，没有什么谦让可言，只是佩服谢朓，常常把谢朓的诗放在几案上，起居之时，常常讽诵玩味。简文帝喜欢陶渊明的诗文，也和刘孝绰的作法一样。江南俗语说："梁朝有三何，子朗诗最好。"三何，指何逊、何思澄及何子朗。何子朗的诗歌确实多清新奇巧之句。何思澄游览庐山时，常常有佳作产生，在当时也是超群绝伦的。

名实第十

名之与实[1]，犹形之与影[2]也。德艺周厚，则名必善焉；容色姝丽，则影必美焉。今不修身而求令名于世者，犹貌甚恶而责妍影于镜也。上士忘名，中士立名，下士窃名。忘名者，体道[3]合德，享鬼神之福佑，非所以求名也；立名者，修身慎行，惧荣观之不显，非所以让名也；窃名者，厚貌深奸，干浮华之虚称，非所以得名也。

[注释]

1 名：名声。实：实质，实际。

2 影：指从镜子等反射物中反映出来的物体的形象。

3 道：事理，规律。

[译文]

名声与实际，好像形体与影像。德行才干全面深厚，名声必然美好；容貌颜色漂亮，则影像也必然美丽。现在某些人不注重身心修养，却企求名声传扬，就好比相貌很丑却要求漂亮的影像出现在镜子中一样。德行高的人不顾名声，一般人努力扬名，没有德行的人竭力窃取名声。忘掉名声的人，能够认识事物的规律，使言行符合道德规范，因而享受鬼神的赐福、保佑，所以用不着去求取名声；树立名声的人，努力提高品德修养，谨慎行事，担心自己的荣誉不能显扬，所以对名声是不会谦让的；窃取名声的人，貌似忠厚而心怀大奸，求取浮华的虚名，因此是不会得到好名声的。

人足所履，不过数寸，然而咫尺之途，必颠蹶[1]于崖岸，拱把之梁[2]，每沉溺于川谷者，何哉？为其旁无余地故也。君子之立己，抑亦如之。至诚之言，人未能信，至洁之行，物[3]或致疑，皆由言行声名，无余地也。吾每为人所毁，常以此自责。若能开方轨[4]之路，广造舟[5]之航，则仲由之言信，重于登坛之盟，赵熹之降城，贤于折冲之将矣。

[注释]

1 颠蹶jué：颠仆、跌倒。

2　拱把之梁：两手合围曰拱，只手所握曰把。拱把之梁，即很小的独木桥。

3　物：即人。

4　方轨：车辆并行。这里指平坦的大道。

5　造舟：连船为桥，即今之浮桥。

[译文]

人脚所踩，宽不过几寸，然而在咫尺宽的山路上行走，一定会摔下去；从很小的独木桥上过河，也往往掉入河中，为什么呢？因为没有可活动的余地，人要在社会上立足也是这个道理。最诚实的话，别人不会相信；最高尚的行为，别人往往产生怀疑，都是因为这类言论、行动，没留余地。当我被别人诋毁时，就常常以此自责。如果能开辟平坦的大道，加宽渡河的浮桥，就能像子路那样，说话真实可信，胜似诸侯登坛结盟的誓约；像赵熹那样，招降对方的城池，赛过却敌致胜的将军。

吾见世人，清名登而金贝[1]入，信誉显而然诺亏，不知后之矛戟，毁前之干橹[2]也。虙子贱云："诚于此者形于彼[3]。"人之虚实真伪在乎心，无不见乎迹，但察之未熟耳。一为察之所鉴，巧伪不如拙诚，承之以羞大矣。伯石让卿，王莽辞政，当于尔时，自以巧密；后人书之，留传万代，可为骨寒毛竖也。近有大贵，以孝著声，前后居丧，哀毁[4]逾制，亦足以高于人矣。而尝于苫块[5]之中，以巴豆涂脸，遂使成疮，表哭泣之过。左右僮竖，不能掩之，益使外人谓其居处饮食，皆为不信。以一伪丧百诚者，乃贪名不已故也。

[**注释**]

1 金贝：指货币。

2 干橹：盾牌。

3 诚于此者形于彼：在这件事上态度诚实，就给另一件事树立了榜样。

4 哀毁：居丧时因悲伤过度而损害身体。后常用作居丧尽礼之辞。

5 苫块：寝苫枕块的略称。古人居父母之丧，以草垫为席，土块为枕。

[**译文**]

我看世上有些人，在清白的名声树立之后，就聚敛钱财，在信誉显扬之后，就不再信守诺言，不知道自己说的话自相矛盾。虙子贱说："诚于此者形于彼。"人的虚实真伪本于内心，但不会不从他的形迹中显露出来，只是没深入考察罢了。一旦通过考察来鉴别，那么，巧伪的人就不如拙诚的人，他蒙受的羞辱就大了。伯石曾经三次推却卿的册封，王莽也曾一再辞谢大司马的任命，当时，他们都自以为做得机巧缜密。后人把他俩的言行记载下来，留传万代，让人读后为之毛骨悚然。最近有位大官，以孝顺闻名，在守丧期间，异常悲伤，其孝心可说是超乎常人了。但在守丧期间，把巴豆涂在脸上，使脸上长出了疮疤，以此表示他哭泣得多么厉害。他身边的童仆，却没有遮盖此事，使得外人对他诸方面所表露的孝心，都不相信了。因为一件事情作假而使得一百件诚实的事情也失去别人信任，就是因为贪求名声不知满足的缘故啊！

有一士族，读书不过二三百卷，天才钝拙，而家世殷厚，雅自矜持，多以酒犊珍玩，交诸名士，甘其饵[1]者，递共吹嘘。朝廷以为文华，亦尝出境聘[2]。东莱王韩晋明笃好文学，疑彼制作，多非机杼[3]，遂设宴言[4]，面相讨试。竟日欢谐，辞人满席，属音赋韵，命笔为诗，彼造次[5]即成，了非向韵[6]。众客各自沉吟，遂无觉者。韩退叹曰："果如所量！"韩又尝问曰："玉斑杼上终葵[7]首，当作何形？"乃答云："斑头曲圈，势如葵叶耳。"韩既有学，忍笑为吾说之。

治点子弟文章，以为声价，大弊事也。一则不可常继，终露其情；二则学者有凭，益不精励。

[**注释**]

1　饵：以利诱人。

2　聘：古代国与国之间通问修好。

3　机杼：织布机，用于比喻诗文创作中构思和布局的新巧。

4　宴言：指宴饮言谈。

5　造次：仓促，急遽。

6　韵：这里指文学作品的风格。

7　珽tǐng：即玉笏，为古代天子所持的玉制手板。杼：杀，削。终葵：椎（槌）。

[**译文**]

有一位士家子弟，读的书不过二三百卷，又天性迟饨笨拙，但家世殷实富有，很有些骄矜自负，经常以美酒、牛肉及珍玩来结交名士，得到他好处的人，就争相吹捧他。朝廷也认为他文才出众，曾经派他出国访问。东莱王韩晋明，非常爱好文学，怀疑这位士族写的东西大多不是出自他自己的手笔，就设宴与他交谈，想当面试试他。宴会那天，气氛欢乐和谐，文人们聚集一堂，大家连缀音韵，提笔写诗。这位世族拿起笔来一挥而就。但那诗歌却完全不是过去的风格韵味。众宾客尚在各自沉吟思考，以至无人发觉。韩晋明退席后感叹道："果然如我猜想的那样！"韩又曾经问他说：

"玉斑杼上终葵首，那应该是什么样子？"他却回答说："玉斑的头部弯曲圆转，那样子就像葵叶一样。"韩晋明是有学问的人，忍着笑给我说了这件事。

修改润饰子弟的文章，以此抬高他们的名声身价，这是最糟糕的事。一则你不可能持续不断替他们修改润饰文章，终归有露出真情的时候；二则初学者一旦有了依靠，就越发不去努力钻研了。

邺下有一少年，出为襄国令，颇自勉笃。公事经怀[1]，每加抚恤，以求声誉。凡遣兵役，握手送离，或赉[2]梨枣饼饵，人人赠别，云："上命相烦，情所不忍；道路饥渴，以此见思。"民庶称之，不容于口。及迁为泗州别驾，此费日广，不可常周，一有伪情，触涂难继，功绩遂损败矣。

[注释]

1　经怀：经心。

2　赉jī：以物送人。

[译文]

邺下有一位年轻人，外放任襄国县令，他十分勤勉踏实，办公事尽心尽力，对下属体恤爱护，以此博得好名声。

凡碰上派遣兵役，就去握手送别，又向服役的人赠送梨子、枣子、烧饼食品，并对每个人发表临别赠言说："上级的命令，有劳各位了，心中实在不忍。你们路上饥渴，特以这点薄礼略表思念之情。"百姓们因此称颂他，对他赞不绝口。等到他升任泗州别驾，这类费用就一天多似一天，不可能都做得很周到，一旦现出虚情假意，就处处难以继续下去，以前的功绩也随之被抹杀了。

或问曰："夫神灭形消，遗声余价，亦犹蝉壳蛇皮，兽远[1]鸟迹耳，何预于死者，而圣人以为名教[2]乎？"对曰："劝也，劝其立名，则获其实。"且劝一伯夷，而千万人立清风矣；劝一季札，而千万人立仁风矣；劝一柳下惠，而千万人立贞风矣；劝一史鱼，而千万人立直风矣。故圣人欲其鱼鳞凤翼，杂沓参差[3]，不绝于世，岂不弘哉？四海悠悠，皆慕名者，盖因其情而致其善耳。抑又论之，祖考[4]之嘉名美誉，亦子孙之冕服[5]墙宇也，自古及今，获其庇荫者亦众矣。夫修善立名者，亦犹筑室树果，生则获其利，死则遗其泽。世之汲汲[6]者，不达此意，若其与魂爽[7]俱升，松柏偕茂者，惑矣哉！

［注释］

1 迒háng：兽迹。

2 名教：指以正定名分为主的封建礼教。

3 鱼鳞：鱼的鳞片。这里形容密集相从。杂沓：众多杂乱貌。参差：不齐貌。此二句意思是：圣人希望天下之民，不论其天资禀赋的差异，都纷纷起而仿效伯夷诸人。

4 祖考：祖先。生曰父，死曰考。

5 冕服：古代统治者举行吉礼时所用的礼服。冕指冕冠，服指服饰。

6 汲汲：心情急切的样子。

7 魂爽：魂魄。

［译文］

有人问道："一个人的灵魂湮灭，形体消失之后，遗留在世上的名声，也就像蝉蜕下的壳、蛇蜕掉的皮及鸟兽留下的足迹一样了，与死者有什么关系，而圣人要把它作为教化的内容来对待呢？"我回答说："那是为了勉励大家啊，勉励一个人去树立好的名声，就可以获得向善的果实。况且我们勉励人们向伯夷学习，成千上万的人就可以树立起清廉的风气了；勉励人们向季札学习，成千上万的人就可以树立起仁爱的风气了；勉励人们向柳下惠学习，成千上万的人就可以树立起坚贞的风气了；勉励人们向史鱼学习，成千上万的人就可以树立起刚直的风气了。所以圣人希望世上芸芸众生，不论其天资禀赋的差异，都纷纷起而仿效伯夷等人，使这种风气连绵不绝，这难道不是一件大事吗？世间众多的庶民，都是爱慕名声的，应该根据他们的这种感情而引导他们达到美好的境界。或许还可以这样说："祖父辈的美好名声和荣誉，也好比是子孙们的冠冕服饰和高墙大厦，从古到今，得到它庇荫的人也够多了。那些广修善事以树立名声的人，就好比是建筑房屋、栽种果树，活着时能得到好处，死后也可把恩泽施及子孙。那些急于追逐实利的人，就不明白这个道理。他们死后，如果他们的名声能够与魂魄一道升天，能够同松柏一样长青不衰的话，那就是怪事了！

涉务第十一

士君子处世，贵能有益于物[1]耳，不徒高谈虚论，左琴右书，以费人君禄位也。国之用材，大较不过六事：一则朝廷之臣，取其鉴达治体[2]，经纶博雅[3]；二则文史之臣[4]，取其著述宪章[5]，不忘前古；三则军旅之臣，取其断决有谋，强干习事；四则藩屏之臣[6]，取其明练风俗，清白爱民；五则使命之臣[7]，取其识变从宜，不辱君命[8]；六则兴造之臣[9]，取其程功节费，开略有术，此则皆勤学守行者所能辨也。人性有长短，岂责具美于六涂[10]哉？但当皆晓指[11]趣，能守一职，便无愧耳。

[注释]

1 物：这里是人的意思。

2　治体：指政治法度。

3　经纶：原指整理丝缕，引申为规划处理国家大事。博雅：学识渊博纯正。

4　文史之臣：指在中央负责主管文书档案，起草诏令典章及修撰国史的官员。

5　宪章：《正义》："宪，法也；章，明也，言夫子法明文武之德。"

6　藩屏之臣：指地方上的高级长官，可为中央藩屏。

7　使命之臣：指奉朝廷之命办理内政外交官员。

8　不辱君命：不使君命受辱，即完成使命之意。

9　兴造之臣：指负责土木建筑的官员。

10　涂：通"途"。六途：指上文所指的"六事"。

11　指：通"旨"。

[译文]

君子立身处世，贵在有益于人，不能光是高谈空论，弹琴练字，以此耗费君主的俸禄官位。国家使用的人才，大概不外六种：第一种是朝廷之臣，他们能通晓政治法度，规划处理国家大事，学问广博，品德高尚；第二种是文史之臣，他们能撰述典章，阐释彰明前人治乱兴革之由，使今人不忘前代的经验教训；第三种是军旅之臣，他们能多谋善断，强悍干练，熟悉战阵之事；第四种是藩屏之臣，他们能通晓当地民风民俗，清政爱民；第五种是使命之臣，他们能洞察情况变化，择善而从，不辜负国君交付的使命；第六种是兴造之臣，他们能计量功效，节约费用，开创筹划很有办法。以上种种，都是勤于学习、坚守操行的人所能办到的。人的资质各有高下，哪能要求一个人把以上"六事"都办得完美呢？只不过人人都应该明白其要旨，能够在某个职位上尽自己的责任，也就可以无愧于心了。

吾见世中文学之士，品藻[1]古今，若指诸掌[2]，及有试用，多无所堪。居承平之世，不知有丧乱之祸；处庙堂[3]之下，不知有战陈[4]之急；保俸禄之资，不知有耕稼之苦；肆[5]吏民之上，不知有劳役之勤，故难以应世经务也。晋朝南渡[6]，优借士族；故江南冠带[7]，有才干者，擢为令仆已下尚书郎中书舍人[8]已上，典掌机要。其余文义之士，多迂诞浮华，不涉世务；纤微过失，又惜行捶楚，所以处于清高，盖护其短也。至于台阁令史[9]，主书监帅[10]，诸王签省[11]，并晓习吏用，济办时须，纵有小人之态，皆可鞭杖肃督，故多见委使，盖用其长也。人每不自量，举世怨梁武帝父子爱小人而疏士大夫，此亦眼不能见其睫耳。

[**注释**]

1 品藻：鉴定等级。

2 若指诸掌：像指示掌中之物一样，比喻事理浅近易明。

3 庙堂：宗庙明堂，古代帝王议事之处，故也以庙堂指朝廷。

4 战陈：作战的阵法。

5 肆：踞。

6 晋朝南渡：指西晋被灭后，晋元帝于建武元年（317年）南渡，在建康（今南京）建立东晋之事。

7 冠带：官吏或士大夫的代称，以其戴冠束带，故称。

8 令：即尚书令，为尚书省的长官。仆：即尚书仆射，为尚书省的副长官。尚书郎：尚书省属官，掌管文书起草之事。中书舍人：中书省属官，掌管进呈奏案之事。

9 台阁：指尚书省。令史：尚书省属下的官员。

10 主书：尚书省属下官员。监帅：监督军务的官员。

11 签：指典签。南朝以诸王出镇，由朝廷派典签佐之，本为处理文书的小吏，但实际起监视诸王的作用，权力甚大，遂有签帅之称。省：指省事、尚书省属官。以上所言令史、主书、监帅、典签、省事等均属低级官员。

［译文］

我看世上那些舞弄文学的书生，品评古今，倒像指点掌中之物，但要他们去干实事，却大多胜任不了。生活在和平时期，不知道会有丧国乱民的灾祸；在朝中做官，不懂得战争攻伐的急迫；有可靠的俸禄收入，不了解耕种庄稼的辛苦；高踞于吏民之上，不明白劳役的艰辛，所以难得用他们去顺应时世，处理公务。晋朝南渡后，朝廷优待士族，所以江南的士族，凡有才干的，都提拔他们担任尚书令、尚书仆射以下，尚书郎、中书舍人以上的官职，掌管机要大事，剩下那些空谈文章的书生，大多迂阔傲慢，华而不实，不接触实际事务；纵然有一些小小过失，也不好对他们施以杖责，所以只能给他们名声清高的职位，以此来掩饰他们的弱点。至于尚书省的令史、主书、监帅，诸王身边的签帅、省事，担任这类职务的都是熟悉官吏事务，能够履行职责的人，纵有不良表现，都可施以鞭打杖击的处罚，严加监督，所以这些人多被任用，大略是用其所长吧。人往往不自量，大家都埋怨梁武帝父子亲近小人而疏远士大夫，这也就如自己的眼珠子看不见自己的眼睫毛一样。

梁世士大夫，皆尚褒衣博带[1]，大冠高履[2]，出则车舆，入则扶侍，郊郭之内，无乘马者。周弘正为宣城王[3]所爱，给一果下马[4]，常服御之，举朝以为放达[5]。至乃尚书郎乘马，则纠劾之。及侯景之乱[6]，肤脆骨柔，不堪行步，体羸气弱，不耐寒暑，坐死仓促者，往往而然。建康[7]令王复性既儒雅，未尝乘骑，见马嘶喷陆梁[8]，莫不震慑，乃谓人曰："正是虎，何故名为马乎？"其风俗至此。

古人欲知稼穑[9]之艰难，斯盖贵谷务本[10]之道也。夫食为民天，民非食不生矣，三日不粒[11]，父子不能相存[12]。耕种之，莑锄[13]之，刈获之，载积之，打拂之，簸扬之，凡几涉手，而入仓廪，安可轻农事而贵末业哉？江南朝士，因晋中兴[14]，南渡江，卒为羁旅，至今八九世，未有力田，悉资俸禄而食耳。假令有者，皆信[15]僮仆为之，未尝目观起一垎[16]土，耘一株苗；不知几月当下，几月当收，安识世间余务乎？故治官则不了，营家则不办[17]，皆优闲之过也。

[注释]

1 褒衣博带：宽大的袍子和衣带。

2 高履：即高齿履。

3 周弘正：字思行，南朝学者，在梁、陈都做过官。宣城王：简文帝的儿子萧大器。

4 果下马：在当时视为珍品的一种小马，只有三尺高，能在果树下行走，故名。

5　放达：这里是放纵不拘礼法的意思。

6　侯景之乱：梁武帝太清二年（548年）北朝降将侯景叛乱，攻破建康，梁武帝被困而死。史称"侯景之乱。"

7　建康：即今南京。

8　陆梁：跳跃。

9　稼穑：指农事。

10　本：与下文之"末业"相对，本指农业，末指商业。

11　粒：以谷米为食。

12　存：想念、省问。

13　茠hāo：同"薅"，除草。钮chú：农具名，即锄。

14　中兴：西晋亡后，东晋又建国于江南，故称中兴。

15　信：依靠。

16　垡fá：耕地时一耦所翻起的土。

17　办：治理。

[译文]

梁朝的士大夫都爱好宽袍大带、大帽高履，外出乘车舆，回家靠童仆服侍，在城郊以内，无人骑马。周弘正被宣城王宠爱，得到一匹果下马，经常骑着它外出，满朝官员都认为他过于放纵。至于像尚书郎这样的官员骑马，就会被人检举弹劾。到侯景之乱发生时，这些士大夫肌肤脆弱，筋骨柔嫩，不能步行；身体瘦弱、气血不足，不耐得寒暑，在仓促变乱中坐以待毙的，往往是这些人。建康令王复，性格温文尔雅，又从未骑过马，看到马嘶叫腾跃，总感到震惊害怕，就对别人说："这正是老虎，为什么要把叫作马呢？"当时的风气竟到了如此地步。

古人想了解农事的艰难，这大约体现了重视粮食、以农为本的思想，吃饭是民生第一大事，老百姓没有粮食就不能生存，三天不吃饭，恐怕父子之间也顾不上互相问候了。种一茬庄稼，要耕地、播种、薅草、松土、收割、运载、脱粒、簸扬，经过多道工序，粮食才能入仓，怎能轻视农业而重视商业呢？江南朝廷的士大夫们，是因为晋朝的中兴，渡江南来，最后客居异乡的，到现如今已过了八九代了，还从来没有下力气种过口，全靠俸禄生活。即使有点土地，也都是靠童仆们耕种，自己从未亲眼看见翻一尺土，薅一株苗；不知道哪个月该播种，哪个月该收割，哪能懂得世上的其他事务呢？所以他们做官不明吏道，理家不会经营，这都是生活悠闲造成的过错。

省事第十二

　　铭金人云："无多言，多言多败；无多事，多事多患。"[1]至哉斯戒也！能走者夺其翼，善飞者减其指[2]，有角者无上齿，丰后者无前足，盖天道不使物有兼焉也。古人云："多为少善，不如执一[3]；鼯鼠五能，不成伎术。"[4]近世有两人，朗悟士也，性多营综，略无成名，经不足以待问，史不足以讨论，文章无可传于集录，书迹未堪以留爱玩，卜筮[5]射六得三，医药治十差[6]五，音乐在数十人下，弓矢在千百人中，天文、画绘、棋博[7]，鲜卑语、胡书[8]，煎胡桃油[9]，炼锡为银，如此之类，略得梗概，皆不通熟。惜乎，以彼神明，若省其异端，当精妙也。

[**注释**]

1 《说苑·敬慎》："孔子之周，观于太庙，右陛之前，有金人焉，三缄其口，而铭其背曰：'古之慎言人也，戒之哉！戒之哉！无多言，多言多败；无多事，多事多患。'"

2 指：当为"趾"字之讹。

3 执一：专一。

4 《说文》："五伎鼠也，能飞不能过屋，能缘不能穷木，能游不能度谷，能穴不能掩身，能走不能先人。"

5 卜筮：古时预测吉凶，用龟甲称卜，用蓍草称筮，合称卜筮。

6 差chài：病愈。

7 棋博：棋，指围棋。博，指六博，为古代一种博戏。共十二棋，六黑六白，两人相博，每人六棋，故名。

8 胡书：胡人的文字。这里当指鲜卑文字。

9 胡桃油：胡人用于作画的一种材料。

[**译文**]

孔子在周朝的太庙里看见一个铜人，背上刻着几个字，说："不要多说话，多说话多受损；不要多管事，多管事多遭灾。"这个训诫说得太好了。对于动物来说，善于奔跑的就不让它长上翅膀，善于飞行的就不让它长出前趾，头上长

角的嘴里就没有上齿，后肢发达的前肢就退化，大概大自然
的法则就是不让它们兼有各自的优点吧。古人说："干得多
而干好的少，那就不如专心干好一件事；鼠有五种本领，却
都难派用场。"近世有两个人，都是聪明颖悟之辈，兴趣广
泛。却因粗略而无法成名，经学经不起提问，史学不足以应
对，文章水准够不上编集传世，书法作品不值得保存赏玩，
为人卜筮六次里面只对三次，替人看病治十个只有五个痊
愈，音乐水准在数十人之下，射箭本领也不出众，天文、绘
画、棋艺、鲜卑话、胡人文字、煎胡桃油、炼锡成银，像这
一类的技艺，也略微了解一个大概，却都不精通熟悉。可惜
啊，以他们这样的绝顶聪明，如果能割舍其他爱好，那一定
会达到精妙的地步。

上书陈事，起自战国，逮于两汉，风流[1]弥广。原
其体度：攻人主之长短，谏诤之徒也；讦群臣之得失，
讼诉之类也；陈国家之利害，对策之伍也；带私情之与
夺，游说之俦也。总此四涂[2]，贾[3]诚以求位，鬻言以干
禄。或无丝毫之益，而有不省之困，幸而感悟人主，为
时所纳，初获不赀之赏，终陷不测之诛，则严助[4]、朱买
臣[5]、吾丘寿王[6]、主父偃[7]之类甚众。良史所书，盖取其
狂狷[8]一介，论政得失耳，非士君子守法度者所为也。今
世所睹，怀瑾瑜而握兰桂[9]者，悉耻为之。守门诣阙，献

书言计，率多空薄，高自矜夸，无经略之大体，咸秕糠之微事，十条之中，一不足采，纵合时务，已漏先觉，非谓不知，但患知而不行耳。或被发奸私，面相酬证，事途回穴[10]，翻惧愆尤[11]；人主外护声教，脱加含养[12]，此乃侥幸之徒，不足与比肩也。

[注释]

1 风流：遗风。

2 涂：道路。四涂：这里指以上四种情况。涂也作途。

3 贾gǔ：卖。

4 严助：西汉辞赋家。

5 朱买臣：西汉吴县人，字翁子。

6 吾丘寿王：西汉赵人，字子赣。

7 主父偃：西汉临淄人，主父为复姓。

8 狂狷：指志向高远的人与拘谨自守的人。

9 瑾瑜：美玉。兰桂：兰草与桂花，皆有异香。此用于比喻怀才抱德之士。

10 回穴：纡曲、变化不定的意思。

11 尤："尤"同"愆"。愆qiān尤：指罪过。

12 脱：或者。这里用作表推度的副词。含养：包容、包涵。形容帝德博厚。

[译文]

向君主上书陈述意见，起自战国时代，到了两汉，这种风气更加流行。推究它的体度；指责国君长短的，属于谏诤一类；攻讦群臣得失的，属于讼诉一类；陈述国家利害的，属于对策一类；抓住对方私人情感来打动他的，属于游说一类。总括这四类情况，都是靠贩卖忠心来求取地位，靠出售言论来谋取利禄。他们陈述的意见可能导致不被国君理解的困扰产生，即使有幸能感悟国君，被及时采纳，起初得到丰厚的奖赏，但最终还是遭致了无法预测的诛杀，就像严助、朱买臣、吾丘寿王、主父偃这类人，是非常多的。优秀的史官所记载的，只是选取了其中那些狂狷耿介，评论时政得失的人罢了，但这些都不是世家君子谨守法度的人所能干的，现在所看到的，那些德才兼务的人都耻于干这种事。守候于国君出入的门户，或趋赴朝廷的殿堂，向国君献书言计，那些东西大多是空疏浅薄，自吹自擂的，其中没有治理国家的纲领，都是些鸡毛蒜皮的小事，十条意见里面，没有一条值得采纳的，纵然合乎实际情况。却是别人早就认识到的，并不是大家不知道，可忧的是知道了却不去实行。有时上书者被人揭发出奸诈营私的事，当面与人应答对证，事情的发展反复变化，当事人此时反而担惊受怕，纵然国君出于对外维护朝廷声誉教化的考虑，或许能对他们加以包涵，他们也只能算是侥幸获免之辈，正人君子是不值得与他们为伍的。

谏诤之徒，以正人君之失尔，必在得言[1]之地，当尽匡赞之规，不容苟免偷安，垂头塞耳；至于就养[2]有方，思不出位[3]，干非其任，斯则罪人。故《表记》[4]云："事君，远而谏，则谄也；近而不谏，则尸利[5]也。"《论语》曰："未信而谏，人以为谤己也。"

[注释]

1 得言：犹当言。

2 就养：这里指侍奉国君。

3 思不出位：此句意思是说思考问题不超出自己的职务范围。

4 《表记》：《礼记》篇名。

5 尸利：比喻受禄而不尽职责。

[译文]

负责谏诤的人，在于纠正国君的过失，一定要处在能够讲话的位置，尽其在匡正辅佐之责，不容许苟且偷安，装聋作哑。至于侍奉国君，应各司其职，考虑问题不要超出自己的职务范围，如果超越自己的职位去冒犯国君，那就会成为朝廷的罪人。所以《礼记·表记》中说："侍奉国君，关系疏远却去进谏，那就形同谄媚了；关系密切却不去进谏，那就是无功受禄。"《论语·子张》中说："没有取得国君的信任就去进谏，国君就会以为你在诽谤他。"

君子当守道崇德，蓄价[1]待时，爵禄不登，信由天命。须求趋竞，不顾羞惭，比较材能，斟量功伐[2]，厉色扬声，东怨西怒；或有劫持宰相瑕疵，而获酬谢，或有谊聒时人视听，求见发遣；以此得官，谓为才力，何异盗食致饱，窃衣取温哉！世见躁竞[3]得官者，便谓"弗索何获"；不知时运之来，不求亦至也。见静退未遇者，便谓"弗为胡成"；不知风云[4]不与；徒求无益也。凡不求而自得，求而不得者，焉可胜算乎！

[**注释**]

1 价：指声望。

2 功伐：指功劳，伐也是功的意思。

3 躁竞：急于与人比高下，争权势。

4 风云：指人的际遇。

[**译文**]

君子应该谨守正道、推崇德行，蓄养声望以待时机。一个人如果官职俸禄不能往上升，那实在是因为天命的缘故。自己去索求奔走，不顾羞耻，与别人比较才能大小。量功劳高低，声色俱厉，怨这怨那，甚至有人以宰相的毛病相要挟，以此获得酬谢，有人大声吵嚷，混淆视听，以此求得被任用。靠这些手段得到官职，就说是有才能。这与偷盗食物来填饱肚皮，窃取衣服求得温暖有什么区别呢！世人看见那些奔走钻营而获得官位的人，就说："不去索取怎么能获得呢？"他们不明白时运到来之时，你不求取也会来的；他们看见那些恬静谦让却没有得到赏识的人，就说："不去争取怎么能成功呢？"他们不明白时机未到，徒然追求是没有好处的。世上那些不去索求却获得了的人，以及索求了却没有获得的人，哪能计算得清呢！

　　齐之季世[1]，多以财货托附外家[2]，谊动女谒[3]。拜守宰[4]者，印组[5]光华，车骑辉赫，荣兼九族[6]，取贵一时。而为执政所患，随而伺察，既以利得，必以利殆，微染风尘[7]，便乖肃正，坑阱[8]殊深，疮痏[9]未复，纵得免死，莫不破家，然后噬脐[10]，亦复何及。吾自南及北，未尝一言与时人论身分[11]也，不能通达，亦无尤焉。

[**注释**]

　　1　齐：当指北齐。季：末的意思。季世，指末世、衰世。

　　2　外家：指母亲和妻子的娘家。

　　3　女谒yè：也称妇谒。指通过宫中嬖宠的女子干求请托。

4　守宰：指地方长官。

5　印组：即印绶。绶为系印的丝带。

6　九族：见《兄弟》篇首段注。

7　风尘：风起尘扬，天地昏浊。此比喻上述靠钱财女谒得官之事。

8　坑阱：陷阱。

9　疮痏wěi：创伤、疤痕。

10　噬脐：自啮腹脐，喻后悔不及。

11　身分：指人在社会上的地位、资历等。

[译文]

北齐末年，那些想当官的人，大多把饯财托附给外家，通过得宠女子去拜求请托，被任命为地方官的人，官印绶带，光艳华丽；高车大马，辉煌显赫，荣耀兼及九族，富贵取于一时。但一旦遭到执政者的怨恨，就会立即对他们进行调查，那因利而来的，必会因利而致危，稍微沾染上世俗的不良风气，就背离了为官应有的严肃公正，那陷阱很深，那创痛难以平复，纵然能免一死，家庭却没有不因此而败损的，那时再后悔就来不及了。我从南到北，没有对别人谈过一句有关自己身份地位的话，即使不能富贵显达，也不因此而怨天尤人。

王子晋云："佐饔[1]得尝，佐斗得伤。"此言为善则预，为恶则去，不欲党[2]人非义之事也。凡损于物[3]，皆无与焉。然而穷鸟入怀，仁人所悯；况死士归我，当弃之乎？伍员[4]之托渔舟，季布[5]之入广柳，孔融之藏张俭，孙嵩之匿赵岐，前代之所贵，而吾之所行也，以此得罪，甘心瞑目。至如郭解之代人报仇，灌夫之横怒求地，游侠之徒，非君子之所为也。如有逆乱之行，得罪于君亲者，又不足恤焉。亲友之迫危难也，家财己力，当无所吝；若横生图计，无理请谒，非吾教也。墨翟之徒，世谓热腹[6]，杨朱之侣，世谓冷肠；肠不可冷，腹不可热，当以仁义为节文尔。

[**注释**]

1 饔：烹煎之官。

2 党：朋党，指为私利结成一伙的人。

3 物：指人。

4 伍员：春秋时吴国大夫，字子胥。

5 季布：汉初楚人，楚汉战争中，为项羽部将。

6 热腹：过于热心肠。

[**译文**]

王子晋说："帮助厨房做菜，可得美味品尝，帮助别人争斗，难免要被殴伤。”这话是说做好事就参加，做坏事则避开，不要拉帮结伙去做不义之事。凡是对人有害的事，都不应该参与，但是一只走投无路的小鸟投入怀抱，仁慈的人总会怜悯它；何况敢死的勇士来投靠，应当抛弃他吗？伍子胥托渔夫摆渡相救，季布被藏在广柳车中，孔融掩护张俭，孙嵩藏匿赵岐，这些事例都被前代所看重，也是我所奉行的。就算因此得罪权贵，也心甘情愿，至于郭解代人报仇，灌夫为朋友怒责丞相田蚡索取田地，那是游侠之徒的行为，不是君子应该干的，如果有大逆不道，犯上作乱的行为，因此而得罪君王与父母，就更不值得同情了。亲友被危难所迫，自家的钱财精力，是不应该吝惜的；如果有人不怀好意无理请求，那就不是我们应该支持的了。墨子的门徒，大家都说他们太热心，杨朱的同道，大家都说他们太薄情，情不可太薄，心不可太热。应当用仁义来节制修饰自己的言行。

前在修文令曹，有山东学士与关中太史竞历[1]，凡十余人，纷纭累岁，内史牒付议官平[2]之。吾执论曰："大抵诸儒所争，四分并减分[3]两家尔。历象之要，可以晷景[4]测之；今验其分至薄蚀[5]，则四分疏而减分密。疏者则称政令有宽猛，运行致盈缩[6]，非算之失也；密者则云日月有迟速，以术求之，预知其度[7]，无灾祥也。用疏则藏奸而不信，用密则任数[7]而违经。且议官所知，不能精于讼者，以浅裁深，安有肯服？既非格令[9]所司，幸勿当[10]也。"举曹贵贱，咸以为然。有一礼官，耻为此让，苦欲留连[11]，强加考覈。机杼既薄[12]，无以测量，还复采访讼人，窥望长短，朝夕聚议，寒暑烦劳，背春涉冬，竟无予夺，怨诮滋生，赧然而退，终为内史所迫：此好名之辱也。

[**注释**]

1 关中：地名。指今陕西一带。太史：官名，掌历法。见《隋书·百官志》。竞历：指争论历法。

2 内史：官名，掌民政。牒：公文。平：平议。即公正地论定是非曲直。

3 四分：指四分历。减分：指减分历。

4 晷：指日晷，测度日影以确定时刻的仪器。亦指监测日月星等天象的仪器。晷景：日晷上晷表的投影。景，同"影"。

5 分至：指春分、秋分和夏至、冬至。薄蚀：日月相掩食。

6 盈缩：也称赢缩。《汉书·天文志》："岁星超舍而前为赢，退舍为缩。"

7 度：日月星辰运行的度次。

8 任数：指顺应天数。

9　格令：律令。

10　当：判罪。

11　留连：舍不得离开。

12　机杼：胸臆。机杼既薄：指有关的知识能力欠缺。

[译文]

从前我在修文令曹时，有山东学士与关中太史争论历法，共有十几个人，乱哄哄地争了好几年，内史下公文交付议官来评定是非。我发表自己的看法说："大抵各位学士所争论的，可分为四分历和减分历两家。历象的要点，是可以用日晷仪的影子来测量的。现在以此来检验两种历法的春分、秋分、夏至、冬至四个节气以及日食月食等现象，可以看出四分历比较疏略而减分历比较细密。疏略者就声称政令有宽大与严厉之别，天体的运行也相应会产生超前与滞后，这并不是历法计算的失误。细密者则说日月的运行虽然有快有慢，用正确的方法来推求，可以预先知道它们运行的度，并不存在什么灾祥之说。如果采用疏略的四分律，就可能隐藏奸邪而失去真实，如果采用细密的减分律，就可能顺应天数而违背经义。况且议官所懂得的历法知识，不可能精于论争的双方，以学识浅薄的人去裁判学问深厚的人，怎能让人服气呢？既然这事不属于法律条令所掌管，就希望不要让我们来判决此事吧。"整个议曹的人不论地位高低，都认为我说得对。有一位礼官，却以这种谦让态度为耻，苦苦地不肯放手，想方设法对两种历法进行考核。他的相关知识修养又不足，无法实地进行测量，就反复去采访论争的双方，想借此看出其中的优劣，他们从早到晚地聚会评议。暑往寒来，不胜烦劳，由春至冬竟然无法判定，抱怨责难之声四起，这位礼官才红着脸告退，最后被内史所迫胁。这就是好名所招来的羞辱啊。

止足第十三

  《礼》云："欲不可纵，志不可满[1]。"宇宙可臻其极，情性不知其穷，唯在少欲知足，为立涯限尔。先祖靖侯[2]戒子侄曰："汝家书生门户，世无富贵；自今仕宦不可过二千石[3]，婚姻勿贪势家。"吾终身服膺，以为名言也。

[注释]

1 欲不可纵，志不可满：此二句见《礼记·曲礼上》。

2 靖侯：指之推九世祖颜含，字宏都，谥号"靖侯。"

3 二千石：汉制，郡守每年的俸禄为二千石，以后"二千石"便成为太守的代称。盖自汉、魏以来，因仕途凶险，一般浮沉宦海者多以俸禄二千石的官职为限。

[译文]

《礼记》中说："不可放纵欲望，不可志得意满。"宇宙之大，也可到达它的极限，而人的欲望却是无穷尽的，只有寡欲而知足，才能划定一个界限。先祖靖侯曾告诫子侄们说："你们家是书生门户，世世代代没有富贵过；从现在起，你们为官，不可担任俸禄超过二千石的官职；你们的婚姻不可贪图高攀世家大族。"我对这些话终生信奉，牢记心间，把它当成至理名言。

天地鬼神之道[1]，皆恶满盈。谦虚冲损，可以免害。人生衣趣[2]以覆寒露，食趣以塞饥乏耳。形骸之内，尚不得奢靡，己身之外，而欲穷骄泰邪？周穆王[3]、秦始皇、汉武帝，富有四海，贵为天子，不知纪极[4]，犹自败累，况士庶乎？常以二十口家，奴婢盛多，不可出二十人，良田十顷，堂室才蔽风雨，车马仅代杖策，蓄财数万，以拟吉凶急速[5]，不啻此[6]者，以义散之；不至此者，勿非道求之。

[注释]

1 天地鬼神之道：即今天所谓自然法则之意。

2 趣：仅够的意思。

3 周穆王：西周国王。

4　纪极：终极，限度。

5　吉凶：婚事丧事。急速：指仓促间发生的事。

6　不啻：不但，不止。不啻此，即过于此。与下文不至此相对。

[译文]

大自然的法则，都是憎恶满溢。谦虚淡泊，可以免除祸患。人生在世，衣服只要能够御寒，饮食只要能够充饥，也就罢了。身体以内，尚且不应该奢侈浪费，自身以外，还要穷奢极欲吗？周穆王、秦始皇、汉武帝，他们都富有四海，贵为天子，不知满足，尚且会遭到败损，何况一般人呢？我一直认为，一个二十口的家庭，奴婢很多，也不可超过二十人，良田只需十顷，房屋只求能遮挡风雨，车马只求可以代步，钱财可积蓄数万，以备婚丧急用，超过这个数量，就该仗义疏财；达不到这个数量，也不可用不正当的手法去索求。

仕宦称泰[1]，不过处在中品，前望五十人，后顾五十人，足以免耻辱，无倾危也。高此者，便当罢谢，偃仰私庭[2]。吾近为黄门郎[3]，已可收退；当时羁旅[4]，惧罹谤讟[5]，思为此计，仅未暇尔。自丧乱已来，见因托风云，徼倖富贵，旦执机权，夜填坑谷，朔欢卓、郑[6]，晦泣颜、原[7]者，非十人五人也。慎之哉！慎之哉！

[注释]

1 泰：大极，过甚。

2 偃仰：安居的意思。私庭：指自己的家庭。

3 黄门郎：即黄门侍郎。职官名。

4 旅：作客他乡。

5 谤讟dú：诽谤，怨言。

6 卓：指卓氏。战国时秦、汉间大商人，祖先为赵国人。秦破赵时，被迁到蜀，居于临邛（今四川邛崃），冶铁成巨富，有家童千人。郑：指程郑。汉初大工商主。本战国时关东人，其祖先于秦始皇时被迁至蜀郡临邛。他冶铸铁器，卖与西南少数民族，以此致富。

7 颜：指颜回。春秋末鲁国人。名回，字子渊。孔子学生。原：指原宪，春秋时鲁国人，一说宋国人。字子思，亦称原思。孔子学生。以上二人均以安贫乐道著称，故亦用来泛指贫士。

[译文]

做官做到最高位置，不要超过中等品级，向前看有五十人，后望有五十人，这就足以免却耻辱，又不担风险了。高于中品的官职就应该婉言谢绝，闭门安居。我近来担任黄门侍郎的官，已经可以告退了，只是客居异乡，怕遭人攻击诽谤，虽有这个打算，只是找不到时机。自从丧乱发生以来，我看见那些乘势而起，侥幸富贵的人，白天还在执掌大权，晚上就尸填坑谷，月初如卓氏、程郑那样的富豪在欢乐，月底就悲苦如颜回、原思那样的贫士，像这种人并不止十个五个。要当心啊！要当心啊！

诚兵第十四

颜氏之先，本乎邹、鲁，或分入齐，世以儒雅为业，遍在书记。仲尼门徒，升堂[1]者七十有二，颜氏居八人焉。秦、汉、魏、晋，下逮齐、梁，未有用兵以取达者。春秋世，颜高、颜鸣、颜息、颜羽之徒，皆一斗夫耳。齐有颜涿聚，赵有颜冣，汉末有颜良，宋有颜延之，并处将军之任，竟以颠覆。汉郎颜驷，自称好武，更无事迹。颜忠以党楚王受诛，颜俊以据武威见杀，得姓已来，无清操者，唯此二人，皆罹祸败。顷世乱离，衣冠[2]之士，虽无身手，或聚徒众，违弃素业，徼幸战功。吾既羸薄，仰惟前代[3]，故寘心于此[4]，子孙志之。孔子力翘[5]门关，不以力闻，此圣证[6]也。吾见今世士大夫，才有气干[7]，便倚赖之，不能被甲执兵，以卫社稷；

但微行险服[8]，逞弄拳腕，大则陷危亡，小则贻耻辱，遂无免者。

[**注释**]

1 升堂：升堂入室的略语。《论语·先进》："由也升堂矣，未入于室也。"升堂入室泛指人的学问造诣精深。

2 衣冠：士大夫，官绅。

3 仰惟前代：想起过去时代姓颜的人以好兵致祸之事。惟：思。

4 寘zhì心于此：把心放在读书仕宦这上面。寘：同"置"。

5 翘：同招，举的意思。

6 圣证：谓取证于圣人之言。

7 气干：气血和躯体。

8 微行：指隐匿身份，易服出行。险服：武士或剑客所穿的上衣，后幅较短，便于活动。

[**译文**]

颜氏的先辈，本是邹国、鲁国人，也有分散到齐国的，世世代代都是以儒雅为业，这些书中多有记载。孔子的门徒，学问精深的七十二人中，颜氏家族占了八人。从秦、汉、魏、晋，往下至齐、梁，没有靠用兵而取得显位的。春秋时期，有颜高、颜鸣、颜息、颜羽等人，都是一些武夫。齐国有颜涿聚，赵国有颜冣，汉朝末年有颜良，东晋末年有颜延之，都担任将军的职务，却因此而倾败。汉朝的郎官颜驷，自称好武，更未见他有事迹流传。还有颜忠因党附楚王受诛，颜俊因割据武威被杀，从有颜姓以来，没有高尚品行的，只有这两个人，都遭致了灾祸败亡。近世以来，国家遭逢乱离，士大夫们虽然没有武艺，但有人也聚集徒众，放弃了一贯的诗书儒业，去碰运气求取战功。我的身体既如此单薄，又想到前人好兵致祸的教训，所以把心思放在读书上，希望子孙后代都记住这一点。孔子的力气可举起城门，却不以武力闻名于世，这是圣人为我们树立的榜样。我看见当今的士大夫们，才血气方刚，就以此自恃，又不能披戴铠甲手执兵器去保卫国家；只知穿上剑客的衣服，行踪诡秘，到处逞弄拳术，大则身陷危亡，小则自讨耻辱，最终无人幸免。

　　国之兴亡，兵之胜败，博学所至，幸讨论之。入帷幄[1]之中，参庙堂[2]之上，不能为主尽规以谋社稷，君子所耻也。然而每见文士，颇[3]读兵书，微有经略。若居承平之世，睥睨宫阃[4]，幸灾乐祸，首为逆乱，迕误[5]善良；如在兵革之时，构扇[6]反覆，纵横[7]说诱，不识存亡，强相扶戴：此皆陷身灭族之本也。诫之哉！诫之哉！

习五兵，便乘骑，正可称武夫尔。今世士大夫，但不读书，即称武夫儿，乃饭囊酒瓮也。

[**注释**]

1 帷幄：此指天子决策之处。

2 庙堂：朝廷。指人君接受朝见、议论政事的殿堂。

3 颇：这里是略微的意思。

4 睥pì睨nì：窥视；侦伺。宫阃kǔn：帝王后宫。

5 诖guà误：贻误；连累。

6 构扇：也作"构煽"。挑拨煽动。

7 纵横：即合纵连横的简称。战国时，苏秦游说六国诸侯联合拒秦，称合纵；张仪游说诸侯共同事秦，称连横（也叫连衡）。此指在各个势力之间进行游说煽动，使之互相攻伐。

[**译文**]

国家的兴亡，战争的胜败，对此如果已具有广博的学识，也可以讨论这个问题。进入国家决策机关，在朝廷的殿堂上参与国政，却不能为君主尽谋划之责，以求得国家的安定富足，这是君子所引以为耻的。但我常常看见一些文士，兵书读得很少，兵法也只是略知概要。如果处在太平盛世，他们会热心于窥视后宫动静，幸灾乐祸，领头犯上作乱，以致牵连善良之辈；如果处在战乱时期，他们会到处挑拨煽动，四处游说，看不清存亡的趋向，却竭力扶持拥戴别人称王，这些行为都是招致丧身灭族的祸根，对此要警惕！千万要警惕！

熟练使用五种兵器，擅长骑马，这才可以称得上武夫。当今的士大夫，只要不肯读书，就称自己是武夫，实际上不过是酒囊饭袋罢了。

养生第十五

　　神仙之事，未可全诬；但性命[1]在天，或难钟值[2]。人生居世，触途[3]牵萦；幼少之日，既有供养之勤；成立之年，便增妻孥之累，衣食资须，公私驱役；而望遁迹山林，超然尘滓，千万不遇一尔。加以金玉之费[4]，炉器[5]所须，益非贫士所办。学如牛毛，成如麟角[6]。华山[7]之下，白骨如莽，何有可遂之理？考之内教[8]，纵使得仙，终当有死，不能出世[9]，不愿汝曹专精于此。若其爱养神明[10]，调护气息，慎节起卧，均适寒暄，禁忌食饮，将饵药物，遂其所禀[11]，不为夭折者，吾无间然[12]。诸药饵法，不废世务也。庾肩吾常服槐实[13]，年七十余，目看细字，须发犹黑。邺中朝士，有单服杏仁、枸杞、黄精、术、车前[14]得益者甚多，不能一一说尔。吾尝患齿，摇动欲落，饮食热冷，皆苦疼痛。见《抱朴子》牢齿之法，早朝叩齿三百下为良；行之数日，即便平愈，今恒持之。此辈小术，无损于事，亦可修也。凡欲饵药，陶隐居[15]《太清方》中总录甚备，但须精审，不可轻脱。近有王爱州在邺学服松脂[16]，不得节度，肠塞而死，为药所误者甚多。

［注释］

1 性命：这里指万物的天赋和禀受。

2 钟：适逢。值：相遇。

3 触途：处处。

4 金玉之费：炼丹药时耗费的金、玉。

5 炉器：指炼丹炉。

6 麟角：麒麟的角，比喻珍贵稀少。

7 华山：在陕西省东部。古代传说为仙人居住之处。

8 内教：指佛教。

9 出世：宗教徒以人间世为俗世，脱离人世的束缚，称出世。

10 神明：指人的精神，心思。

11 禀：赐予，赋予。遂其所禀：指达到上天所赋予的自然年限。

12 间然：找空子。这里指批评。

13　庾肩吾：字子慎。南朝梁人。曾任度支尚书、江州刺史。槐实：槐的果实，可入药。

14　杏仁、枸杞、黄精、术、车前：均为中药名。

15　陶隐居：即陶弘景。南朝时丹阳秣陵（今江苏南京）人，字通明。

16　松脂：松树树干分泌的树脂。

[译文]

有关修道成仙的事，并非全是假的；只是人的禀赋命运乃由上天决定，一般人大概难得遇到这种机会。人活在世界上，处处要受牵绊；年少之时，有供养父母的辛劳，成年以后，又增加了妻子儿女的拖累。再加上人得解决穿衣吃饭的费用，要为公事私事而四处奔忙，希望藏身于山林之中，超脱于尘世之外，这在千万人中也难找到一个。加上炼制丹药所需各种耗费，更非一般穷人所能办到的。所以历来学道求仙者多如牛毛，而成功者却凤毛麟角。华山之下，白骨累累如野草，哪有尽如人意的道理？考察佛教典籍，说人纵然能够成仙，最终还是会死去的，并不能超脱尘世，因此，我不希望你们把精力集中在这上面。如果你们追求的是爱惜保养精神，调理卫护气息，小心节制起居，适应寒暖变化，注意饮食禁忌，服用药物以养身，能达到上天赋予一般人的自然年限，不致中途夭折，那我就没有什么可说的了。学习各种服药之法，并不会因此而荒废人世上的各种事务。庾肩吾经常服用槐实，他七十多岁时，眼睛还能看清细小的文字，头发胡须仍是黑的。邺中的朝臣，有很多人单服杏仁、枸杞、黄精、白术、车前而获得好的效果，在此不能一一陈说。我曾经牙齿患病，摇动欲落，饮食冷热都会引起疼痛。后来看见《抱朴子》所记载牢齿之法，说早上叩齿三百下可获良效。我试行了几天，牙病就好了，到现在还一直坚持早上叩齿。这种小小的治病方法，对我们做事并无妨害，也是可以学习一下的。你们如果想服药健身，那么陶隐居的《太清方》一书中收录的药方十分完备，但要选取那些精当确实的方子使用，不可轻率从事。最近有叫王爱州的人在邺城学服松脂，因为不能节制，导致肠梗阻而亡，被药物所害的人是很多的。

夫养生[1]者先须虑祸，全身保性，有此生然后养之，勿徒养其无生[2]也。单豹养于内而丧外，张毅养于外而丧内，前贤所戒也。嵇康著《养生》之论，而以傲物受刑；石崇冀服饵之征，而以贪溺取祸，往世之所迷也。

[**注释**]

1 养生：保养身心，以期保健延年。

2 无生：指不生存在世上。

［译文］

养生的人首先应顾虑灾祸，保全身家性命，有了生命，然后再去保养它，不要白费心思去保养那不存在的所谓长生不老。单豹善于保养身心，却因外部发生的灾祸而送命；张毅善于避免外部灾祸的伤害，却因体内发病而丧生，这都是前代贤人引以为戒的。嵇康著有《养生论》一书，却因为人傲慢而被杀，石崇希望通过服药获取良效，却因贪恋钱财美女而致杀身之祸，这些都是前代人不明事理的例子。

夫生不可不惜，不可苟惜。涉险畏之途，干祸难之事，贪欲以伤生，谗慝而致死，此君子之所惜哉；行诚孝而见贼[1]，履仁义而得罪，丧身以全家，泯躯而济国，君子不咎[2]也。自乱离已来，吾见名臣贤士，临难求生，终为不救，徒取窘辱，令人愤懑。侯景之乱，王公将相，多被戮辱，妃主姬妾[3]，略无全者。唯吴郡太守张嵊[4]，建义[5]不捷，为贼所害，辞色不挠；及鄱阳王世子谢夫人[6]，登屋诟怒，见射而毙。夫人，谢遵女也。何贤智操行若此之难？婢妾引决[7]若此之易？悲夫！

［注释］

1 诚孝：即忠孝，避隋讳改。贼：诋毁。

2 咎：责怪、怪罪。

3　妃：皇帝的妾，太子、王的妻。主：公主。姬：皇宫中女官。妾：指大臣的小老婆。

4　张嵊：南朝梁人。

5　建义：此指发动义军讨伐侯景。

6　世子：帝王及诸侯的正妻所生的长子。此指萧嗣。谢夫人：萧嗣的妻子。

7　引决：自杀。

[译文]

生命不可以不珍惜，也不可以无原则地吝惜。踏上那危险可怕的道路，做下招灾蒙难的事情，贪图肉欲而损伤身体，遭受谗言而枉送性命，在这些事情上君子是爱惜他的生命的；如果是奉行忠孝而被诋毁，施行仁义而获罪责，舍身以保全家庭，捐躯以拯救国家，君子是不会抱怨的。自从乱离以来，我看见那些名臣贤士，临难求生，终未获救，白白地自找羞辱，真是令人愤懑。侯景之乱时，王公将相，大多受辱被杀，妃主姬妾，几乎没有得以保全的。只有吴郡太守张嵊，兴师讨贼未能取胜，被叛贼杀害，临终之时，言辞神色毫无屈服的表现；还有鄱阳王世子萧嗣之妻谢夫人，登上房屋怒骂群贼，被乱箭射死。谢夫人是谢遵的女儿。为什么贤德智慧的官绅们坚守操行是如此困难，婢女妻妾自杀成仁却是如此容易？真是可悲啊！

归心第十六

三世[1]之事，信而有征，家世归心[2]，勿轻慢也。其间妙旨，具诸经论[3]，不复于此，少能赞述；但惧汝曹犹未牢固，略重劝诱尔。

原夫四尘五荫[4]，剖析形有；六舟三驾[5]，运载群生：万行归空，千门[6]入善，辩才智惠[7]，岂徒《七经》[8]、百氏之博哉？明非尧、舜、周、孔所及也。内外两教[9]，本为一体，渐积为异[10]，深浅不同。内典初门，设五种禁[11]；外典仁义礼智信，皆与之符。仁者，不杀之禁也；义者，不盗之禁也；礼者，不邪之禁也；智者，不酒之禁也；信者，不妄之禁也。至如畋狩军旅，燕享刑罚，因民之性，不可卒除，就为之节，使不淫滥尔。归周、孔而背释宗[12]，何其迷也！

[**注释**]

1 三世：佛教以过去、未来、现在为三世。

2 归心：从心里归附。这里是归心佛教之意。

3 经论：佛教以经、律、论为三藏，经为佛教所自说，论是经义的解释，律记戒规。

4 四尘：佛教称色、香、味、触为四尘。五荫：即"五阴"，佛教"五蕴"的旧译，指色（形相）、受（情欲）、想（意念）、行（行为）、识（心灵）。识为认识的主观要素，色、受、想、行为认识的客观要素。

5 六舟：即六度。指使人由生死之此岸度到涅（寂灭）之彼岸的六种法门：布施、持戒、忍辱、精进、静虑（禅定）、智慧（般若）。三驾：即三乘，见《法华经》。佛教以羊车喻声闻乘，鹿车喻缘觉乘，牛车喻菩萨乘。

6 千门：佛教语。谓种种修行的法门。

7 惠：同"慧"。

8 七经：指《诗》《书》《礼》《乐》《易》《春秋》及《论语》。

9 内外两教：内教指佛教，外教指儒学。下文所说内典指佛书，外典指儒书。

10 渐：指佛理。积：指儒学。渐积为异，是说中土之民与天竺之民因所处地域不同，其悟道的过程、方式也有所不同。

11　五种禁：即五戒。《魏书·释老志》中有："又有五戒：去杀、盗、淫、妄言、饮酒。大意与仁、义、礼、智、信同，名为异耳。"

12　释宗：佛教，因佛教创始者汉译为释迦牟尼，故以"释"转佛教。

[译文]

佛家所说的过去、未来、现在"三世"的事情，是可靠而有根据的，我们家世代归心佛教，不可轻忽怠慢。佛教中的精妙内容，都见于佛教的经、论中，我就不用再转述赞美了；又怕你们记得尚不牢固，所以再对你们稍加劝勉诱导一下。推究四尘（色、香、味、触）和五荫（色、受、想、行、识）的道理，剖析世间万物的奥秘，借助六舟（布施、持戒、忍辱、精进、静虑、智慧）和三驾（声闻、缘觉、菩萨），去普度众生：让众生通过种种戒行，归依于"空"；通过种种法门，渐臻于善。其中的辩才和智慧，难道只能与儒家的"七经"及诸子百家的广博相提并论吗？显然是尧、舜、周公、孔子所不及的。佛学作为内教，儒学作为外教，本来同为一体。两者教义有别，深浅程度不同。佛教经典的初阶段，设有五种禁戒，而儒家经典所讲的仁、义、礼、智、信，都与它们相合。仁就是不杀生的禁戒，义就是不偷盗的禁戒，礼就是不淫乱的禁戒，智就是不酗酒的禁戒，信就是不虚妄的禁戒。至于像狩猎、征战、饮宴、刑罚等行为，根据老百姓的天性，不能一下子都根除掉，只能让它们存在而有所节制，不致于过分发展。归依周公、孔子却违背放弃佛教，是多么糊涂啊！

俗之谤者，大抵有五：其一，以世界外事及神化无方为迂诞也；其二，以吉凶祸福或未报应为欺诳也；其三，以僧尼行业多不精纯为奸慝[1]也；其四，以糜费金宝减耗课役为损国也；其五，以纵有因缘如报善恶，安能辛苦今日之甲，利益后世之乙乎？为异人也。今并释之于下云。

[注释]

1 奸慝tè：奸佞邪恶。

[译文]

世人对佛教的指责，大约有五种：第一，认为佛家所讲的现实世界之外的事，以及神灵的变化无常是荒诞不羁的事。第二，因为现实的吉凶祸福没有得到相对的报应，就认为佛家强调的因果报应是欺骗世人的说法。第三，因为僧尼中有很多不清白的人，便认为佛门是藏污纳垢之地。第四，认为僧尼虚耗财物且不交租不服役，有损于国家利益。第五，认为即使存在因果轮回善恶报应，哪能让今天的甲辛劳坎坷，以使后世的乙获利受益呢？因为甲和乙是不同的两个人。现在我在下面的文字里对这些指责一并做出解释。

　　释一曰：夫遥大之物，宁可度量？今人所知，莫若天地。天为积气，地为积块，日为阳精，月为阴精，星为万物之精，儒家所安也。星有坠落，乃为石矣；精若是石，不得有光，性又质重，何所系属？一星之径，大者百里，一宿首尾，相去数万；百里之物，数万相连，阔狭从斜，常不盈缩。又星与日月，形色同尔，但以大小为其等差；然而日月又当石也？石既牢密，乌兔[1]焉容？石在气中，岂能独运？日月星辰，若皆是气，气体轻浮，当与天合，往来环转，不得错违，其间迟疾，理宜一等；何故日月五星二十八宿[2]，各有度数，移动不均？宁当气坠，忽变为石？地既滓浊，法应沉厚，凿土得泉，乃浮水上；积水之下，复有何物？江河百谷，从何处生？东流到海，何为不溢？归塘[3]尾间，渫何所到？沃焦[4]之石，何气所然[5]？潮汐去还，谁所节度？天汉[6]悬指，那不散落？水性就下，何故上腾？天地初开，便有星宿；九州[7]未划，列国未分，翦疆区野，若为躔次[8]？封建已来，谁所制割？国有增减，星无进退，灾祥祸福，就中不差。乾象[9]之大，列星之伙，何为分野，止系中国？昂[10]为旄头，匈奴之次；西胡、东越，雕题、交址[11]，独弃之乎？以此而求，讫无了者，岂得以人事寻常，抑必宇宙外也？

[注释]

1　乌兔：古代神话传说日中有乌，月中有兔。

2　五星：指金、木、水、火、土五大行星。二十八宿：我国古代天文学家为了观天象及日、月、五星在天空中的运行，在黄道带与赤道带的两侧绕天一周，选取了二十八个星官作为观察时的标志，称为"二十八宿"。

3　归塘：即归墟，传说为海中无底之谷。

4　沃焦：古代传说中东海南部的大石山。

5　然："燃"的本字。

6　天汉：即银河。

7　九州：传说中的我国中原上古行政区划。按《尚书·禹贡》，为冀、兖、青、徐、扬、荆、豫、梁、雍。

8　躔chán次：日月星辰运行的轨迹。古代认为地上各州郡邦国与天上一定的区域相对应，谓之分野，故作者有此问。

9　乾象：天象。

10　昂：星名，二十八宿之一。

11　《后汉书·南蛮传》中有：《礼记》称南方曰蛮，

雕题、交址，其俗男女同川而浴，故曰交址。

［译文］

我对第一指责的解释：极远极大的东西，难道可以测量吗？今人所熟知的，没有超过天地。天是云气堆积而成，地是土块堆积而成，太阳是阳刚之气的精华，月亮是阴柔之气的精华，星星是宇宙万物的精华，这是儒家所喜欢的说法。星星有时会坠落下来，就成了石头。但是，这万物的精华如果是石头，就不应该有光亮，而且石头的特性又很沉重，靠什么把它们系挂在天上呢？一颗星星的直径，大的有一百里，一个星座从头到尾，相隔数万里，直径一百里的物体，在天空数万里相连，它们形状的宽窄、排列的纵横，竟然都保持一定而没有盈缩的变化。再说，星星与太阳、月亮相比，它们的形状、色泽都相同，只是大小有差别，既然如此，那么太阳、月亮也应当是石头吗？石头的特性既然是那样坚固，那三足乌和蟾蜍、玉兔，又如何在石头中间存身呢？而且，石头在大气中，难道能够自行运转吗？如果太阳、月亮和星星都是气体，那么气体很轻浮，它们就应当与天空合而为一，它们围绕大地来回环绕转动，就不应该相互错位，这运行中间速度的快慢，按理应该是一样的，但为什么太阳、月亮、五星、二十八宿，它们运行时各有各的度数，速度并不一致？难道它们作为气体，坠落的时候，就突然变成石头了吗？大地既然是浊气下降凝集成的物质，按理应该是沉重而厚实的了，但如果往地下挖土，却能够挖出泉水来，说明大地是浮在水上的；那么，积水之下，又有些什么东西呢？长江、大河及众多的山泉，它们都是从哪里发源的？它们向东流入大海，那海为什么不见满溢出来？据说海水是通过归塘、尾闾排泄出去的，那它们最终又到何处去了呢？如果说海水是被东海沃焦山的石头烧掉的，那沃焦山的石头又是由什么点燃的呢？那潮汐的涨落，是靠谁来节制调度？那银河悬挂在天空，为什么不会散落下来？水的特性是往低处流的，为什么又会上升到天空中去？天地初开的时候，就有星宿了，那时九州尚未划分，各国尚未分封，开始区别疆域划分原野时，天上的星宿以什么作为轨迹呢？封邦建国以来，又是谁在对它们进行分封割据呢？地上的国家有增有减，天上的星宿却没见什么改变，这中间人世的吉凶祸福，照样不断发生。天空如此之大，星宿如此之多，为什么以天上星宿的位置，来划分地上州郡的区域只限于中国一地呢？被称作旄头的昴星是代表胡人的，其位置对应着匈奴的疆域，那么，像西胡、东越、雕题、交址这些地区，就唯独被天上所抛弃了吗？对上述种种问题进行探求，至今无人能弄明白，岂能要求人间的寻常事情，一定要合乎宇宙之外的事理？

凡人之信，唯耳与目；耳目之外，咸致疑焉。儒家说天，自有数义：或浑或盖，乍宣乍安[1]。斗极[2]所周，管维[3]所属，若所亲见，不容不同；若所测量，宁足依据？何故信凡人之臆说，迷大圣[4]之妙旨，而欲必无恒沙[5]世界、微尘[6]数劫也？而邹衍亦有九州之谈。山中人不信有鱼大如木，海上人不信有木大如鱼；汉武不信弦胶，魏文不信火布；胡人见锦，不信有虫食树吐丝所成；昔在江南，不信有千人毡帐，及来河北，不信有二万斛船：皆实验也。

[注释]

1　浑：浑天。盖：盖天。宣：宣夜。以上为我国古代关于天体的三种学说。安：指《安天论》，为汉代虞喜根据宣夜说写成。

2　斗：指北斗七星。极：指北极星。

3　管维：又作斡维。转运的枢纽，指斗枢。

4　大圣：佛家称佛或菩萨为大圣。

5　恒沙："恒河沙数"的省称。此言其多至不可胜数。

6　微尘：佛教语。指极细小的物质。

[译文]

一般人只相信自己耳闻目睹的事物，除此之外的一概加以怀疑。儒家对天的看法就有好几种：有的认为天包着地，如同蛋壳包着蛋黄一样；有的认为天盖着地，就像斗笠盖着盘子；有的认为日月众星自然飘浮于虚空之中，有的认为天际与海水相接，地就在海水之中；此外，认为北斗七星绕着北极星转动，是靠那斗枢作为转动轴。以上种种说法，如果是人们亲眼所见，就不应该如此不同；如果是凭推测度量，那怎么能以此为据呢？我们为什么偏偏相信这凡人的臆测之说，而怀疑佛门学说的精深今义呢？为什么就认定世上绝不可能有佛经中所说的像恒河中的沙粒那么众多的世界，就怀疑世间一粒微小的尘埃也要经历好几个劫的说法呢？邹衍也认为除了作为赤县神州的中国之外，世上还有其他九州哩。山里的人是不相信世上有像树木那般大的鱼，海上的人也不相信世上有像鱼那般大的树木；汉武帝不相信世上有一种叫续弦胶的，可以黏合断了的弓弦和刀剑；魏文帝不相信世上有一种火浣布，可以放在火上烧以此去掉污垢。胡人看见锦缎，不相信这是一种叫蚕的小虫吃了桑叶后所吐的丝织成的。从前我在江南的时候，不相信世上有能够容纳一千人的毡帐，等到了河北，才发现这里有人不相信世上有能装载万斛货物的大船：这两件事都是我亲身经历的啊。

世有祝[1]师及诸幻术，犹能履火蹈刃，种瓜移井，倏忽之间，十变五化。人力所为，尚能如此；何况神通感

应，不可思量，千里宝幢[2]，百由旬[3]座，化成净土[4]，踊出妙塔乎？

[**注释**]

1 祝：男巫。

2 宝幢：佛寺中悬挂的幢旗。

3 由旬：古代印度计长度的单位。也译作"俞旬""由延""缮那"。

4 净土：佛教谓庄严洁净，没有五浊（劫浊、见浊、烦恼浊、众生浊、命浊）的极乐世界。

[**译文**]

世间有巫师及懂得各种法术的人，他们能够穿行火焰，脚踩刀刃，种下一粒瓜籽可立马采摘果实，连水井也可随意移动，眨眼间的工夫，生出各种变化。人的力量，尚能达到如此地步，何况神佛施展他们的本领，其神奇变幻真是不可思议，那高达千里的幢旗，广达数千里的莲座，变化出极乐世界，涌现出神奇的宝塔呢？

释二曰：夫信谤之征，有如影响[1]；耳闻目见，其事已多，或乃精诚不深，业缘[2]未感，时傥差阑，终当获报耳。善恶之行，祸福所归。九流[3]百氏，皆同此论，岂独释典为虚妄乎？项橐、颜回之短折，伯夷、原宪之冻馁，盗跖、庄跷之福寿，齐景、桓魋之富强，若引之先业[4]，冀以后生，更为通耳。如以行善而偶钟祸报，为恶而傥值福征，便生怨尤，即为欺诡；则亦尧、舜之云虚，周、孔之不实也，又欲安所依信而立身乎？

[注释]

1 影响：影子与回声。

2 业缘：佛教指善业生善果、恶业生恶果的因缘。谓一切众生的境遇、生死都由前世业缘所决定。

3 九流：战国时的九个学术流派。即儒家、道家、阴阳家、法家、名家、墨家、纵横家、杂家、农家。又有小说家一派，合为十家。

4 业：即梵语"羯磨"。佛都谓在六道中生死轮回，是由业决定的。业包括行动、语言、思想意识三个方面。分别指身业、口业（或语业）、意业。

[译文]

我对第二种指责的解释：我相信诽谤因和报应之说的种种证据，就好像影之随形，响之应声一样可以验证。这类事，我耳闻目睹非常多。有时报应之所以未发生，或许是当事者的精诚还不够深厚，"业"与"果"尚未发生感应，倘如此，则报应就有早迟的区别，但终归会发生的。善与恶的行为，将分别招致福与祸的报应。中国的九流百家，都持有与此相同的观点，怎么能单单认为佛经所说是虚妄的呢？像项橐、颜回短命而死，伯夷、原宪挨饿受冻，盗跖、庄跻有福长寿，齐景公、桓魋富足强大，如果我们把这看成是他们的前辈的善业或恶业的报应寄托在后代身上，那就说得通了。如果因为有人行善而偶然遭祸，为恶却意外得福，你便产生怨尤之心，认为因果报应之说只是一种欺诈蒙骗，那就好比是说尧、舜之事是虚假的，周公、孔子也不可靠，那你又能相信什么，又凭什么去立身处世呢？

释三曰：开辟已来[1]，不善人多而善人少，何由悉责其精洁乎？见有名僧高行，弃而不说；若睹凡僧流俗，便生非毁。且学者之不勤，岂教者之为过？俗僧之学经律[2]，何异士人之学《诗》《礼》？以《诗》《礼》之教，格朝廷之人，略无全行者；以经律之禁，格出家之辈，而独责无犯哉？且阙行之臣，犹求禄位；毁禁之侣，何惭供养[3]乎？其于戒行[4]，自当有犯。一披法服，已堕僧数，岁中所计，斋讲诵持，比诸白衣[5]，犹不翅山海也。

[注释]

1 开辟以来：相传盘古开天辟地。开辟以来，就是指有天地以来。

2 经律：佛教徒称记述佛的言论的书叫经，记述戒律的书叫律。

3 供养：因佛教徒不事生产，靠他人提供食物，所以称为"供养"。

4 戒行：佛教指恪守戒律的操行。

5 白衣：佛教徒穿黑衣，故称世俗之人为白衣。

[译文]

我对第三种指责的解释：自开天辟地以来，不善良的人多而善良的人少，怎么能够要求每一位僧人都是清白高尚的呢？有些人明明看见了那些名僧们的高尚德行，却抛在一边不予称扬；但若是看到那些平庸的僧人的粗俗行为，就竭力指责诋毁。况且，学习的人不用功，难道是教育者的过错吗？那些平庸的僧人学习佛经、戒律，与世人学习《诗》《礼》有什么不同？如果用《诗》《礼》中的教义，来衡量朝廷中的官员，恐怕没有几个是完全够格的；同样地，用佛经、戒律中的禁条，来衡量这些出家僧人，怎么能够唯独要求他们不犯过错呢？而且，那些缺乏道德的臣子们，仍在那里追求高官厚禄；那些违犯禁条的僧侣们，又何必对自己接受供养感到惭愧呢？他们对于佛教的戒行，自然难免有违犯的时候。但他们一旦披上法衣，就算进入了僧侣的行业，一年到头所干的事，无非是吃斋念佛、讲经修行，比起世俗之人来说，差距又不止是山高海深那样巨大了。

释四曰：内教多途，出家自是其一法耳。若能诚孝在心，仁惠为本，须达、流水，不必剃落须发；岂令罄井田而起塔庙，穷编户以为僧尼也？皆由为政不能节之，遂使非法之寺，妨民稼穑，无业之僧，空国赋算，非大觉[1]之本旨也。抑又论之：求道者，身计也；惜费者，国谋也。身计国谋，不可两遂。诚臣徇主而弃亲，孝子安家而忘国，各有行也。儒有不屈王侯高尚其事，隐有让王辞相避世山林；安可计其赋役，以为罪人？若能偕化黔首[2]，悉入道场，如妙乐[3]之世，禳佉[4]之国，则有自然稻米，无尽宝藏，安求田蚕之利乎？

[注释]

1 大觉：佛教语。指佛的觉悟。此用于指佛教。

2 黔首：老百姓。

3 妙乐：古代西印度国名。

4 禳佉：即儴佉。印度古代神话中国王名，即转轮王。

［译文］

我对第四种指责的解释：佛教修持的方法有很多种，出家为僧只是其中的一种。如果一个人能够把忠、孝放在心上，以仁、惠为立身之本，像须达、流水两位长者所做的那样，也就不必非得剃掉头发胡须去当僧人不可了；又哪里用得着把所有的田地都拿去盖宝塔、寺庙，让所有在册人口都去当和尚、尼姑呢？那都是因为执政者不能够节制佛事，才使得那些非法而起的寺庙妨碍了百姓的耕作，没有正业的僧人耗空了国家的税收，这就不是佛教救世的本旨了。再进一步说，谈到追求真理，这是个人的打算，谈到珍惜费用，这是国家的谋划，个人的打算与国家的谋划，是不可能两全的。作为忠臣，就应该以身殉主，为此不惜放弃奉养双亲的责任，作为孝子，就应该使家庭安宁，为此不惜忘掉为国家服务的职责，因为两者各有各的行为准则啊。儒家中有不为王公贵族所屈，高尚其志节的人；隐士中有辞去王侯、丞相的地位，到山林中远避尘世的人。我们又怎么能去算计这些人应承担的赋税，把他们当成罪人呢？如果我们能够感化所有的老百姓，使他们通通进入佛寺，就像佛经中所说的妙乐国度，转轮王所治理的国家一样，那就会有自然生长的稻米，数不尽的宝藏，何必再去追求种田、养蚕的微利呢？

释五曰：形体虽死，精神犹存。人生在世，望于后身[1]似不相属；及其殁后，则与前身似犹老少朝夕耳。世有魂神，示现梦想，或降童妾，或感妻孥，求索饮食，征须福祜，亦为不少矣。今人贫贱疾苦，莫不怨尤前世不修功业；以此而论，安可不为之作地[2]乎？夫有子孙，自是天地间一苍生耳，何预身事？而乃爱护，遗其基址，况于己之神爽[3]，顿欲弃之哉？凡夫蒙蔽，不见未来，故言彼生与今非一体耳；若有天眼[4]，鉴其念念[5]随灭，生生[6]不断，岂可不怖畏邪？又君子处世，贵能克己复礼，济时益物。治家者欲一家之庆，治国者欲一国之良，仆妾臣民，与身竟何亲也，而为勤苦修德乎？亦是尧、舜、周、孔虚失愉乐耳。一人修道，济度几许苍生？免脱几身罪累？幸熟思之！汝曹若观俗计，树立门户，不弃妻子，未能出家；但当兼修戒行，留心诵读，以为来世津梁。人生难得，无虚过也。

[**注释**]

1　后身：佛教认为人死要转生，故有前身、后身之说。

2　为之作地：为他（后身）留余地。

3　神爽：神魂，心神。

4　天眼：佛教所说五眼之一。即天趣之眼，能透视六道、远近、上下、前后、内外及未来等。

5　念念：指极短的时间。此句是说生命在极短的时间内不断产生又不断消亡。

　　6 生生：佛教转轮回。

[译文]

　　我对第五种指责的解释：人的形体虽然死去，精神仍旧存在。人生活在世上时，觉得自己与来世似乎没有什么关系，等到他死了以后，才发现自己与前身的关系就好像老人与小孩、清晨与傍晚的关系。世界上有死人的魂灵向亲人托梦的事，或托梦于他的童仆侍妾，或托梦于他的妻子儿女，向他们索要饮食，求取福气，这类事是不少的。现在的人若是处在贫贱疾苦的境地，没有不怨恨前世不修功业的，就这一点来说，怎么可以不早修功业，以便为来世留有余地呢？一个人有儿子、孙子，他与儿子、孙子各自都是天地间的黎民百姓，相互间有什么关系？而这个人尚且知道爱护他的儿孙们，把自己的房产基业留传给他们，何况对于自己本人的魂灵，怎可弃置不顾呢？一般人的眼睛却被蒙蔽，看不见未来之事，所以他们说来生、前生与今生不是同一个人。如果有一双天眼，让这些人通过它照见自己的生命在一瞬间由诞生到消亡，又由消亡到诞生，这样生死轮回，连绵不断，他难道不感到畏惧吗？再说，君子生活在这个世界上，贵在能够克制私欲，谨守礼仪，匡时救世，有益于人。作为管理家庭的人，就希望家庭幸福，作为治理国家的人，就希望国家昌盛，这些人与自己的仆人、侍妾、臣属、民众有什么亲密关系，值得这样卖力地为他们辛苦操持呢？也不过是像尧、舜、周公、孔子那样，是为了别人的幸福而牺牲个人的欢乐罢了。一个人修身求道，可以救济多少苍生？免掉多少人的罪累呢？希望你们仔细考虑一下这个问题。你们若是顾及世俗的责任，要建立家庭，不抛弃妻子儿女，不能出家为僧，也应当修养品性，恪守戒律，留心于佛经的诵读，把这些作为通往来世的桥梁。人生是宝贵的，可不要虚度啊。

儒家君子，尚离庖厨[1]，见其生不忍其死，闻其声不食其肉。高柴、折像，未知内教，皆能不杀，此乃仁者自然用心。含生之徒，莫不爱命；去杀之事，必勉行之。好杀之人，临死报验，子孙殃祸，其数甚多，不能悉录耳，且示数条于末。

梁世有人，常以鸡卵[2]白和沐，云使发光，每沐辄二三十枚。临死，发中但闻啾啾数千鸡雏声。

江陵刘氏，以卖鳝羹为业。后生一儿头是鳝，自颈以下，方为人耳。

王克为永嘉郡守，有人饷[3]羊，集宾欲宴。而羊绳解，来投一客，先跪两拜，便入衣中。此客竟不言之，固无救请。须臾，宰羊为羹，先行至客。一脔入口，便下皮内，周行[4]遍体，痛楚号叫，方复说之，遂作羊鸣而死。

梁孝元在江州时，有人为望蔡县令，经刘敬躬乱，县廨[5]被焚，寄寺而住。民将牛酒作礼，县令以牛系刹柱，屏除形像，铺设床坐，于堂上接宾。未杀之顷，牛解，径来至阶而拜，县令大笑，命左右宰之。饮啖[6]醉饱，便卧檐下。稍醒而觉体痒，爬搔隐疹，因尔成癞，十许年死。

杨思达为西阳郡守，值侯景乱，时复旱俭，饥民盗田中麦。思达遣一部曲守视，所得盗者，辄截手腕，凡戮十余人。部曲后生一男，自然无手。

齐有一奉朝请[7]，家甚豪侈，非手杀牛，啖之不美。年三十许，病笃，大见牛来，举体如被刀刺，叫呼而终。

江陵高伟，随吾入齐，凡数年，向幽州淀中捕鱼。后病，每见群鱼啮之而死。

[**注释**]

1 庖厨：厨房。

2 鸡卵：鸡蛋。

3 饷xiǎng：赠送。

4 周行：循环运行。

5 廨xiè：官舍。

6　啖 dàn：吃。

7　奉朝 cháo 请：官名。

[译文]

儒家的君子，都远离厨房，因为他们若是看见那些禽兽活着时的样子，就不忍心杀掉它们，他们若是听见禽兽的惨叫声，就吃不下它们的肉。像高柴、折像这两个人，他们并不了解佛教的教义，却都不愿杀生，这就是仁慈的人天生的善心。凡是有生命的东西，没有不爱惜它的生命的，不杀生的事，一定要努力做到。好杀生的人，临死会受到报应，子孙也跟着遭殃，这类事很多，我不能全部记录下来，姑且抄示几条于本章之末。

梁朝有一个人，常常拿鸡蛋清和在水里洗头发。说这样可使头发光亮，每洗一次就要用去二三十枚鸡蛋。他临死时，只听见头发中传出几千只雏鸡的啾啾叫声。

江陵的刘氏，以卖鳝鱼羹为生。后来生了一小孩，长了一个鳝鱼头，从颈部以下，才是人形。

王克任永嘉太守的时候，有人送他一只羊，他就邀集宾客来打算举办一个宴会。那羊突然挣脱绳子，奔到一位客人面前，先跪下拜了两拜，便钻到客人衣服里去。这位客人竟然一言不发，坚持不为这只羊求情。一会儿，那只羊就被拉去宰杀后做成肉羹，先送到这位客人面前。他夹起一块羊肉才送入口中，像是有种毒素进了皮内，在全身运行，这位客人痛苦号叫，方才开口说此情况，却是发出羊叫声死去了。

梁孝元帝在江州的时候，有个人在望蔡县当县令，当时刚经过刘敬躬的叛乱，县署被烧毁，就到一所寺庙去寄住。百姓送他一头牛、几缸酒作礼物。县令叫人把牛拴在刹柱上，拆掉佛像，准备坐席，在佛堂上接待宾客。还没开始杀牛的时候，那牛就挣脱绳子，径直跑到台阶前向县令跪拜求情，县令大笑，命左右把牛拉下去宰了。那县令饱餐了一顿牛肉美酒后，就在屋檐下睡觉，一会儿睡醒后觉得身上发痒，就到处抓痒，后来这皮肤病发展成恶疮，十来年后便死了。

杨思达任西阳郡太守的时候，正碰上侯景之乱，又逢旱灾，饥民们便到田里来偷麦子。杨思达就派了一位部属去看守，凡抓到偷麦子的，就砍掉手，共砍了十几个人。后来那部属生了一个男孩，天生就没有手。

齐朝有一位奉朝请，家中非常豪华奢侈。他不是亲手宰杀的牛，吃起来就觉得味道不美。这位奉朝请到三十几岁时，病势沉重，看见许多牛朝他奔来，周身就像刀割般疼痛，最后叫呼着死去。

江陵的高伟，随我一同到齐国，有几年的时间，他都到幽州的湖泊中捕鱼。后来生了病，常常看见成群结队的鱼来咬他，最后也死去了。

世有痴人，不识仁义，不知富贵并由天命。为子娶妇，恨其生资[1]不足，倚作舅姑之尊，蛇虺其性，毒口加诬，不识忌讳，骂辱妇之父母，却成教妇不孝己身，不顾他恨。但怜己之子女，不爱己之儿妇。如此之人，阴纪其过，鬼夺其算[2]。慎不可与为邻，何况交结乎？避之哉！

[注释]

1 生资：嫁妆。

2 算：寿命。

[译文]

世间有一种痴人，不懂得仁义，也不知道富贵皆由天命。为儿子娶媳妇，恨媳妇的嫁妆太少，仗着自己当公婆的尊贵身份，怀着毒蛇般的心性，对媳妇恶意辱骂，不懂得忌讳，甚至谩骂侮辱媳妇的父母，这反而是教媳妇不用孝顺自己，也不顾她的怨恨。只知道疼爱自己的子女，不知道爱护自己的儿媳。像这种人，阴曹会把他的罪过记载下来，鬼神也会减掉他的寿命。千万不可与这种人作邻居，更何况与这种人交朋友呢？还是躲他远点吧。

书证第十七

　　《诗》云："参差荇菜[1]。"《尔雅》云："荇，接余也。"字或为莕。先儒解释皆云：水草，圆叶细茎，随水浅深。今是水悉有之[2]，黄花似莼[3]，江南俗亦呼为"猪莼"，或呼为"荇菜"。刘芳具有注释[4]。而河北俗人多不识之，博士[5]皆以参差者是苋菜，呼"人苋"为"人荇"，亦可笑之甚。

[**注释**]

1 参差：长短不齐的样子。荇菜：一种水生植物。

2 是水：犹言凡是有水之处。

3 莼：莼菜。

4 刘芳：字伯文，彭城人。《魏书》有传。

5　博士：古代学官名。

[译文]

《诗经》中说："参差荇菜"。《尔雅》解释说："荇菜，就是接余。"荇字有时也写作"莕"，前代学者们的解释都说："荇菜就是一种水草，圆叶细茎，其高低随水的深浅而定，现在凡是有水的地方都有它，它那黄色的花就像莼菜，江南民间也称它叫猪莼，也有人叫它作荇菜。刘芳对此都有注解。而河北地区的一般人大多不认识它，博士们都把《诗经》中所说的"参差荇菜"认作苋菜，把人苋叫作人荇，也太可笑了。

《诗》云："谁谓荼苦？"《尔雅》《毛诗传》并以荼，苦菜也。又《礼》云："苦菜秀。"案：《易统通卦验玄图》曰："苦菜生于寒秋，更冬历春，得夏乃成。"今中原苦菜则如此也。一名"游冬"，叶似苦苣而细，摘断有白汁，花黄似菊。江南别有苦菜，叶似酸浆，其花或紫或白，子大如珠，熟时或赤或黑，此菜可以释劳[1]。案：郭璞注《尔雅》，此乃"蘵[2]"，黄蒢[3]也。今河北谓之龙葵。梁世讲《礼》者，以此当苦菜；既无宿根，至春方生耳，亦大误也。又高诱注《吕氏春秋》曰："荣而不实曰英。"苦菜当言英，益知非龙葵也。

[注释]

1　释劳：消除辛劳。

2　蘵zhī：草名。即龙葵。古人将其误认为苦蘵。

3　黄蓛chú：草名。叶子似酸浆，花小而白，中心黄。

[译文]

《诗经》中说："谁谓荼苦？"《尔雅》《毛诗传》都以荼为苦菜。此外，《礼记》中说："苦菜秀。"按：《易统通卦验玄图》中说："苦菜生长于寒冷的秋天，经冬历春，到夏天就长成了。"现在中原一带的苦菜就是这样的。它又名游冬，叶子像苦苣而比苦苣细小，摘断后有白色的汁液，花黄色像菊花。江南一带另外有一种苦菜，叶子像酸浆草，它的花有的紫有的白，结的果实有珠子那么大，成熟时颜色有红的有黑的。这种菜可以消除疲劳。按：郭璞注的《尔雅》中，认为这种苦菜就是草，即黄蓛，现在河北一带把它叫作龙葵。梁朝讲解《礼记》的人，把它当作中原的苦菜，它既没有隔年的宿根，又是在春天才生长，这也是一个大的误释。另外高诱在《吕氏春秋》注文中说："只开花不结实的叫英。"苦菜的花就应当叫作英。由此更说明它不是龙葵。

《诗》云："有杕之杜[1]。"江南本并"木"傍施"大"，《传》曰："杕，独貌也。"徐仙民音徒计反。《说文》曰："杕，树貌也。"在"木"部。《韵集》音"次第"之"第"，而河北本皆为"夷狄"之"狄"，读亦如字，此大误也。

[注释]

1　杕dì：形容树木孤立。杜：杜梨树。

[译文]

《诗经》中说："有杕之杜。"江南的版本"木"旁加一个"大"字，《毛诗传》中说："杕，孤立的样子。"徐仙民为它注的音是徒计反。《说文》中说："杕，树木的模样。"字在木部。《韵集》为它注的音是次第的"第"，而河北的版本都写作夷狄的狄字，读音也是这个"狄"字，这是一个大错误。

《诗》云："骊骊牡马[1]。"江南书皆作牝[2]牡之牡，河北本悉为放牧之牧。邺下博士见难[3]云："《骊颂》既美僖公牧于坰野之事[4]，何限騲騭乎[5]？"余答曰："案：《毛传》[6]云：'骊骊，良马腹干肥张也[7]。'其下又云：'诸侯六闲[8]四种：有良马，戎马，田马，驽马。’若作牧放之意，通[9]于牝牡，则不容限在良马独得‘驷驷’之称。良马，天子以驾玉辂[10]，诸侯以充朝聘郊祀[11]，必无驋也。《周礼·圉人职》：‘良马，匹一人。驽马，丽一人[12]。’圉人所养[13]，亦非驋也；颂人举其强骏者言之，于义为得也。《易》曰：‘良马逐逐。’《左传》云：‘以其良马二。’亦精骏之称，非通语也。今以《诗传》良马，通于牧驋，恐失毛生之意[14]，且不见刘芳《义证》乎？”

[注释]

1　驷jiōng驷：马肥壮貌。牡mǔ：鸟兽的雄性。

2　牝pìn：鸟兽的雌性。

3　见难：向我发出诘问。

4　僖公：鲁僖公。坰jiōng：远郊。

5　騲cǎo：雌马。骘zhì：雄马。

6　《毛传》：见《文章》篇“自古宏才”段注。

7　肥张：肥壮貌。

8　闲：古代宫廷养马的地方，马厩。

9　通：互通。以下“通”字义亦同。

10　玉辂：古代帝王所乘之车，以玉为饰。

11　朝聘：古代诸侯亲自或派使臣按期朝见天子。效祀：古于郊外祭祀天地。郊谓大祀。祀谓群祀。

12 驽马：体能低下的马。丽：双的意思。

13 圉人：养马的人。

14 毛生：指毛苌。撰《诗传》十卷，今传。生：汉以来称儒者为生。

[译文]

《诗经》中说："骃骃牡马。"江南地区的版本都写作牝牡之"牡"，而河北地区的版本全部写作放牧的"牧"。邺下的博士向我发出诘问说："《駉颂》既然是歌颂鲁公僖在郊外原野上放牧的事情，为什么要局限于雌马雄马呢？"我问答说："按《毛诗传》中说'駉駉，形容良马躯体肥壮的样子。'接下来又说'诸侯六个马厩四种马，有良马，戎马，田马，驽马。'如果解释作放牧的意思，雌马雄马都说得通。那就不该只良马独自得到。良马，天子用它驾玉车，诸侯用它去朝见天子，去郊外祭祀天地，一定没有雌马。《周礼·圉人职》中说'良马，一个人驾一匹。驽马，一个人驾两匹。'圉人所养的良马，也不是雌马；歌颂人举他的强壮的骏马作为对象，从道理上说才相宜。《易经》中说'良马逐逐。'《左传》中说'以其良马二。'这也是对精壮骏马的称呼，不是通称一般的马。现在把《毛诗传》中说的良马等同于雌马，恐怕违背了毛苌的本意，况且你们没有看见刘芳《毛诗笺音义证》中对这个问题的阐释吗？"

　　《月令》[1]云："荔挺出。"郑玄注云："荔挺，马薤也[2]。"《说文》云："荔，似蒲[3]而小，根可为刷。"《广雅》[4]云："马薤，荔也。"《通俗文》[5]亦云马蔺。《易统通卦验玄图》云："荔挺不出，则国多火灾[6]。"蔡邕[7]《月令章句》云："荔似挺。"高诱[8]注《吕氏春秋》云："荔草挺出也。"然则《月令注》荔挺为草名，误矣[9]。河北平泽率生之。江东颇有此物，人或种于阶庭，但呼为旱蒲，故不识马薤。讲《礼》者乃以为马苋；马苋堪食，亦名豚耳，俗名马齿。江陵尝有一僧，面形上广下狭；刘缓幼子民誉，年始数岁，俊晤善体物[10]，见此僧云："面似马苋。"其伯父绍因呼为荔挺法师。绍亲[11]讲《礼》名儒，尚误如此。

[注释]

1　《月令》：《礼记》篇名。

2　郑玄：东汉经学家。见《勉学》。马薤（xiè）：草本植物名。

3　蒲：草本植物名。

4　《广雅》：训诂书。

5　《通俗文》：书名。汉服虔撰。

6　此二句依颜氏文意当理解为："荔草茎儿不出，则国家多火灾。"但亦有不同理解者，见注9。

7　蔡邕：东汉文学家、书法家。

8　高诱：东汉人。

9　颜氏认为郑玄把"荔挺"二字作草名是错误的。但后人亦有不同意见。

10　俊晤：亦作"俊悟"，聪明卓异。体物：铺陈描摹事物的形态。

11　亲：犹言本人或本身。此句说刘绍本人是讲《礼》的名儒。

[译文]

《月令》中说："荔挺出。"郑玄作的注释说："荔挺就是马薤。"《说文解字》中说："荔像蒲而较小，根可做刷子。"《广雅》中说："马薤就是荔。"《通俗文》中也称它为马蔺。《易统通卦验玄图》中说："荔草茎儿长不出，则国家多火灾。"蔡邕的《月令章句》中说："荔草以它的茎儿冒出地面。"高诱注释《吕氏春秋》中说："荔草的茎儿冒出来。"这样看来，郑玄的《月令注》中把"荔挺"作为草名是错误的了。这种草在河北地区的沼泽地带到处都有。江东地区也有不少此物，有的人把它种在阶庭内，只不过是称它为旱蒲，所以就不知道马薤的名字。讲解《礼记》的人竟把它当成马苋；马苋可以吃，也叫作豚耳，俗名叫马齿。江陵曾经有一位僧人，脸形上宽下窄，刘缓的小儿子叫民誉，年龄才几岁，却异常聪明，善于描摹事物，他看见这位僧人就说："他的脸像马苋。"民誉的伯父刘绍因此就称呼这位僧人叫荔挺法师，刘绍本人就是讲解《礼记》的有名学者，尚且会有这样的误解。

《诗》云："将其来施施。"《毛传》云："施施，难进之意。"郑《笺》云："施施，舒行貌也。"《韩诗》亦重[1]为"施施"。河北《毛诗》皆云"施施"。江南旧本，悉单为"施"，俗遂是之，恐为少误。

[注释]

1 重：重叠、重复。

[译文]

《诗经》中说："将其来施施。"《毛传》中说："施施，难以前进的意思。"郑玄《笺》中说："施施，缓缓行走的样子。"《韩诗外传》中也是重叠为"施施"二字，河北本《毛诗》都写作"施施"。江南的过去的版本，全都单写作"施"，众人就认可了它。这恐怕是个小小的错误。

《诗》云："有渰萋萋，兴云祁祁[1]。"《毛传》

云："滛，阴云貌。萋萋，云行貌。祁祁，徐貌也。"《笺》云："古者，阴阳和，风雨时，其来祁祁然，不暴疾也。"案：滛已是阴云，何劳复云"兴云祁祁"耶？"云"当为"雨"，俗写误耳。班固《灵台》诗云："三光宣精，五行布序，习习祥风，祁祁甘雨。"此其证也。

[注释]

1 滛yǎn：云兴起的样子。萋萋：草木茂盛，这里指云盛的样子。祁祁：舒缓的样子。

[译文]

《诗经》中说："有滛萋萋，兴云祁祁。"《毛传》中解释说："滛，阴云的样子。萋萋，阴云运行的样子。祁祁，舒缓的样子。"郑玄的《笺》中说："古时候，阴阳调和，风雨及时，它们来时是缓缓的，不暴烈迅疾。"按：滛已经是阴云的意思了。为什么又不厌其烦地说"兴云祁祁"呢？"云"字应当作"雨"字，是流行的写法造成了这个错误。班固的《灵台》诗说："三光宣精，五行布序，习习祥风，祁祁甘雨。"这就是"云"应当作"雨"的证据。

《礼》云："定犹豫，决嫌疑。"《离骚》曰：

"心犹豫而狐疑。"先儒未有释者。案：《尸子》曰："五尺犬为犹。"《说文》云："陇西谓犬子为犹。"吾以为人将犬行，犬好豫在人前，待人不得，又来迎候，如此往还，至于终日，斯乃"豫"之所以为未定也，故称"犹豫"。或以《尔雅》曰："犹如麔，善登木。"犹，兽名也，既闻人声，乃豫缘木，如此上下，故称犹豫。狐之为兽，又多猜疑，故听河冰无流水声，然后敢渡。今俗云："狐疑，虎卜[1]。"则其义也。

[注释]

1 虎卜：卦术的一种。

[译文]

《礼经》中说："定犹豫，决嫌疑。"《离骚》中说："心犹豫而狐疑。"前代学者没有进行解释。按：《尸子》中说："五尺长的狗叫作犹。"《说文解字》中说："陇西把小狗叫作犹。"我认为人带着狗行走，狗喜欢预先走在人的前面，等人等不到，又返回来迎候，来来去去，这就是"豫"字具有游移不定的含义，所以叫作犹豫。也有根据《尔雅》中的说法："犹的样子像麔，善于攀登树木。"犹是一种野兽的名称，听到人声后，就预先攀援树木，像这样上上下下，所以叫作犹豫。狐狸作为一种野兽，又性多猜疑，要听到河面冰层下没有流水声，才敢渡河。今天的俗语说："狐疑，虎卜。"就是这个含义。

《左传》曰："齐侯痎，遂痁。[1]"《说文》云："痎，二日一发之疟。痁，有热疟也。"案：齐侯之病，本是间日一发，渐加重乎故[2]，为诸侯忧也。今北方犹呼"痎疟"，音"皆"。而世间传本多以"痎"为"疥"，杜征南[3]亦无解释，徐仙民[4]音"介"，俗儒就为通[5]云："病疥[6]，令人恶寒，变而成疟。"此臆说也。疥癣小疾，何足可论，宁有患疥转作疟乎[7]？

[注释]

1　见《左传·昭公二十年》：齐侯痎，遂痁。孔颖达疏："疥当为痎，痎是小疟，痁是大疟。"齐侯，指齐景公。

2　故：疑为重。

3　杜征南：即杜预。字元凯，西晋人，位征南大将军，自称有《左传》癖。撰有《春秋左氏经传集解》。

4　徐仙民：即徐邈。见本篇"诗去有杕之杜"段注。

5　俗儒：浅陋迂腐的儒士。就：从。通：贯通。

6　疥：依颜氏此段文意，此"疥"字当理解为疥疮之意。

7　颜氏此说，段玉霞、郝懿行诸人有文驳之，详见王利器《集解》所引。

[译文]

《左传》中说："齐侯痎，遂痁。"《说文》中说："痎是两天发作一次的疟疾。痁是发热的疟疾。"按：齐侯的病，本来是两天发一次，较原来逐渐加重，所以成了诸侯忧虑的事。现在北方仍然叫作痎疟，发音为"皆"。而世间的传本大多把"痎"写作"疥"，杜预也没有作解释。徐仙民注音作"介"，浅薄的学者依照这个说法为之疏通说："患了疥疮，使人产生畏寒的症状，就转变成了疟疾。"这是一种想当然的说法，疥癣这种小毛病，有什么值得说的，难道会有生疥疮而转变成疟疾的吗？

《尚书》曰："惟影响[1]。"《周礼》云："土圭[2]测影，影朝影夕。"《孟子》曰："图影失形[3]。"《庄子》云："罔两问影[4]。"如此等字，皆当为"光景"之"景"[5]。凡阴景者，因光而生，故即谓为"景"。《淮南子》呼为"景柱"[6]，《广雅》云："晷柱[7]挂景。"并是也。至晋世葛洪《字苑》，傍始加"彡"，音于景反。而世间辄改治《尚书》《周礼》《庄》《孟》从葛洪字，甚为失矣。

[注释]

1 影响：影子和回声。

2 土圭：古代用于测日影、正四时和测度土地的器具。

3 图影：画面上的景物。

4 见《庄子·齐物论》。郭庆藩注："罔两，景外之微阴也。"

5 光景yǐng：光和阴影。景，后作"影"。

6 景柱：即影柱，古代测日影，定时刻的表柱。

7 晷guǐ柱：即晷表，日晷上测量日影的标竿。

[译文]

《尚书》中说："惟影响。"《周礼》中说："土圭测影，影朝影夕。"《孟子》中说："图影失形。"《庄子》中说："罔两问影。"像这些"影"字，都应当作"光景"的"景"。凡是阴景，都是因为有光才产生的。所以就叫作景。《淮南子》中称为景柱。《广雅》中说："晷柱挂景。"都是这样的。到了晋代葛洪的《字苑》中，才开始在旁边加"彡"，注音为于景反，而世上的人就把《尚书》《周礼》《庄子》《孟子》中的"景"字改从葛洪《字苑》中的"影"字，这是十分错误的。

太公《六韬》[1]，有天陈、地陈、人陈、云鸟之陈[2]。《论语》曰："卫灵公问陈于孔子。"《左传》："为鱼丽之陈[3]。"俗本多作"阜"傍[4]"车乘"之"车"。案：诸陈队，并作"陈、郑"之陈。夫行陈之义，取于陈列耳，此六书为假借也[5]，《苍》《雅》及近世字书，皆无别字；唯王羲之《小学章》，独"阜"傍作"车"，纵复俗行，不宜追改《六韬》《论语》《左传》也。

[注释]

1 《六韬》：兵书名。《隋书·经籍志》："太公《六韬》中有：《文韬》《武韬》《龙韬》《虎韬》《豹韬》《犬韬》。"太公：指姜太公，即吕尚。《六韬》，是战国时人依托于他的作品。

2 陈zhèn：原作"阵"，军伍行列。

3 鱼丽之陈：军阵名。

4 "阜"傍：左偏旁是"阝"。

5 六书：古人分析汉字造字的理论。即象形、指事、会意、形声、转注、假借。假借：六书造字法之一。指借用已有的形近、音同的字，表示不同意义的词。

[译文]

姜太公的《六韬》，有天陈、地陈、人陈、云鸟之陈。

《论语》中说："卫灵公问陈于孔子。"《左传》中说："为鱼丽之陈。"俗本多写作"阜"字旁加车乘的"车"字。按：以上几个陈队，都写作陈国、郑国的"陈"。行陈的含义，是从"陈列"这个词中取用过来的，这在六书中就是假借。《苍颉篇》《尔雅》以及近世的字书，都没有写成别的字，只有王羲之的《小学章》中，唯独是"阜"旁加"车"字，即使俗体流行，也不宜追改《六韬》《论语》《左传》中的"陈"字作"阵"字。

《诗》云："黄鸟于飞，集于灌木。"《传》云："灌木，丛木也。"此乃《尔雅》之文，故李巡注曰："木丛生曰灌。"《尔雅》末章又云："木族生为灌。"族亦丛聚也。所以江南《诗》古本皆为"丛聚"之"丛"，而古"丛"（叢）字似"冣"（最）字，近世儒生，因改为"冣"，解云："木之最高长者。[1]"案：众家《尔雅》及解《诗》无言此者，唯周续之[2]《毛诗注》，音为祖会反，刘昌宗[3]《诗注》，音为在公反，又祖会反：皆为穿凿，失《尔雅》训也。

[注释]

1　此句说："近世儒生"按"最"字义解释诗句，把"灌木"的含义说成"树木中最高大的"。

2 周续之：南朝宋人。

3 刘昌宗：晋人。

[译文]

《诗经》中说："黄鸟于飞，集于灌木。"《毛诗传》中解释说："灌木，就是丛木。"这是《尔雅》上面的解释文字，所以李巡的注释就是："树木丛生叫灌。"《尔雅》中的末章又说："树木族生就是灌。""族"也是丛聚的意思。所以江南地区《诗经》古本中"灌"字都写作丛聚的"丛"字，而古"从"（叢）字像"取（最）"字，近代的学者就将它改成了"取"字，并解释说："就是树木中最高大的。"按：各家研究《尔雅》和解释《诗经》的都没有这样说过，只有周续之的《毛诗注》中，对这个字的注音是徂会反，刘昌宗《诗注》对这个字的注音是在公反，又注为祖会反，都是牵强附会的，违背了《尔雅》的解释。

"也"是语已及助句之辞[1]，文籍备有之矣。河北经传[2]，悉略此字，其间字有不可得无者，至如"伯也执殳[3]"，"于旅也语"，"回也屡空[4]"，"风，风也，教也[5]"，及《诗传》云："不戢，戢也；不傩[6]，傩也。""不多，多也"。如斯之类，傥削此文，颇成废阙[7]。《诗》言："青青子衿[8]。"《传》曰："青衿，青领也，学子之服。"按：古者，斜领下连于衿，故谓领为衿。孙炎、郭璞注《尔雅》，曹大家注《列女传》[9]，并云："衿，交领[10]也。"邺下《诗》本，既无"也"字，群儒因谬说云："青衿、青领，是衣两处之名，皆以青为饰。"用释"青青"二字，其失大矣！又有俗学[11]，闻经传中时须也字，辄以意加之，每不得所，益成可笑。

[注释]

1 语已：即语尾。助句：即语助词。

2 经传：儒家典籍经与传的统称。

3 伯：指兄弟排行，伯为老大。殳shū：古兵器，杖类。

4 回：指颜回，孔子学生。空kōng：贫穷。

5 第一个"风"，指《诗经》的十五国风；第二个"风"读去声，微言劝告的意思。

6 傩nuó：一作"难"。

7 废阙：缺漏，这里指句子不完整。

8 衿：衣的交领。又指古代读书人穿的衣服。

9 曹大家gū：即班昭。班固之妹。

10 交领：古代交叠于胸前的衣领。

11 俗学：世俗流行之学。这里指盲从世俗流行之学的人。

［译文］

　　"也"是语尾及语助词，文籍中都能见到它的。河北的经、传，全都删减了这个字，这中间有的也字是不能没有的，至于像"伯也执殳"，"于旅也语"，"回也屡空"，"风，风也，教也"，以及《诗传》说应该的："不戢，戢也；不傩，傩也。""不多，多也"。像这类例子，如果删去这个"也"字，就完全成了残缺的句子。《诗》中说："青青子衿。"《毛传》解释说："青衿，青领也，学子之服。"按：古时候，斜领下连到衣衿，所以把领叫作衿。孙炎、郭璞注释的《尔雅》，曹大家注释的《列女传》，都说："衿，交领也。"邺下的《诗》版本，就没有"也"字，各位学者就荒谬地解释说："青衿，青领，这是衣服中两处地方的名称，都用青色作装饰。"用来解释"青青"二字，这个差错就大了！又有官从世俗流行之学的人，听说经传中常常用"也"字。就按自己的意思加上去，往往加得不是地方，就更加可笑了。

　　《易》有蜀才注，江南学士，遂不知是何人。王俭《四部目录》，不言姓名，题云："王弼后人。"谢炅、夏侯该，并读数千卷书，皆疑是谯周；而《李蜀书》，一名《汉之书》，云："姓范名长生，自称蜀才。"南方以晋家渡江后，北间传记，皆名为"伪书"，不贵省读[1]，故不见也。

[注释]

1　省读：阅读。

[译文]

《易经》中有署名蜀才的注本，江南地区的学者都不知道蜀才是什么人。王俭的《四部目录》中没有说他的姓名，只写着："他是王弼的后人。"谢炅、夏侯该，都是读过数千卷书的学者，他们都怀疑蜀才就是谯周；而《李蜀书》，又名《汉之书》中说："蜀才姓范，名叫长生，自称蜀才。"南方地区自从晋朝渡江之后，把北方地区的经传文章都称作"伪书"，不重视阅读这些"伪书"，因此就不知道蜀才是谁。

《礼·王制》云："裸股肱[1]。"郑注[2]云："谓揔[3]衣出其臂胫。"今书皆作"摄甲"之"摄"[4]。国子博士萧该云："'摄'当作'揎'，音'宣'，'摄'是穿著之名，非出臂之义。"案《字林》，萧读是，徐爰音"患"，非也。

[**注释**]

1 股肱：大腿和小臂。

2 郑注：郑玄用的注。

3 捋xuān：同"揎"。挽起衣袖露出手臂。

4 擐huàn：贯穿，穿着。

[**译文**]

《礼记·王制》中说："裸股肱。"郑玄的注释说："捋衣出其臂胫。"现在的人把"捋"字都写成擐甲的"擐"字。国子博士萧该说："擐应当作揎。读音是'宣'，擐是表示穿着的字，没有露出手臂的含义。"依照《字林》，萧该的读音是正确的，徐爰认为此字读音作"患"是不对的。

《汉书》："田肎贺上[1]。"江南本皆作"宵"字。沛国刘显，博览经籍，偏精班《汉》，梁代谓之"《汉》圣"。显子臻，不坠家业。读班史，呼为"田肎"。梁元帝尝问之，答曰："此无义可求，但臣家旧本，以雌黄改'宵'为'肎'。"元帝无以难之。吾至江北，见本为"肎"。

[注释]

1 田肎kěn：人名。即肯的本字。

[译文]

《汉书》中说："田肎贺上。"江南的版本都把"肎"写作"宵"字。沛国人刘显，博览经籍，特别精研班固的《汉书》，梁代称他为"《汉》圣"。刘显的儿子刘臻，不失家传儒业。他读班固的《汉书》时，读作"田肎"。梁元帝曾经就这个问题问过他，他回答说："这没有什么含义可求，只是我家里传下的旧本中，用雌黄把'宵'字改成了'肎'字。"梁元帝也没办法难住他。我到江北后看见那里的版本写作"肎"。

《汉书·王莽赞》云："紫色蛙声，馀分闰位[1]。"盖谓非玄黄之色[2]，不中律吕之音也[3]。近有学士，名问甚高[4]，遂云："王莽非直鸢髆虎视[5]，而复紫色蛙声。"亦为误矣。

[注释]

1 紫色：不正之色。蛙：不正之声。闰位：非正统的帝位。

2 玄黄：指天地的颜色。玄为天色，黄为地色。此处用于表示正色。

3 律吕：古代校正乐律的器具。后亦用于指乐律或音律。此外用于表示正音。

4 名问：名声，名望。

5 鸢yuān：老鹰。鸢髆bó：老鹰的肩膀。

[译文]

《汉书·王莽赞》中说：“紫色蛙声，馀分闰位。”大致是说（王莽）不是玄黄正色，不合律吕之音。最近有位学士，名声很高，竟然说：“王莽的长相不但是老鹰的肩膀、老虎的目光，而且还是紫色的皮肤、青蛙的嗓音。”这可弄错了。

简“策”[1]字，“竹”下施“朿[2]”，末代隶书[3]，似杞、宋之“宋”，亦有“竹”下遂为“夹”者，犹如“刺”字之傍应为“朿”，今亦作“夹”。徐仙民《春秋》《礼音》，遂以“筴”为正字，以“策”为音，殊为颠倒。《史记》又作“悉”字，误而为“述”，作“妬”字，误而为“姤”，裴、徐、邹皆以“悉”字音“述”，以“妬”字音“姤”。既尔，则亦可以“亥”为“豕”字音，以“帝”为“虎”字音乎？

［注释］

1　简策：编连成册的竹简。

2　束：音次cì。

3　隶书：字体名。由篆书简化演变而成。始于秦代，普遍使用于汉魏。

［译文］

简策的"策"字，是"竹"下面入一个"束"，后人的隶书，写得就像杞国、宋国的"宋"字，也有在"竹"下竟放一个"夹"字的，就像刺字的偏旁应该是"束"，现在也写成"夹"一样。徐仙民的《春秋左氏传音》《礼记音》中就是以"筴"为正字，以"策"作读音，完全弄颠倒了。《史记》中又在写"悉"字时，误写成"述"，在写"妬"字时，误写成"姤"，裴骃、徐邈、邹诞生都用"悉"字给"述"字注音，用"妬"字给"姤"字注音。既然这样，难道也可以用"亥"字为"豕"字注音，以"帝"字为"虎"字注音吗？

张揖云："戯[1]，今伏羲氏也。"孟康《汉书·古文注》亦云："戯，今伏。"而皇甫谧云："伏羲或谓之宓羲。"按诸经史纬候[2]，遂无"宓羲"之号。戯字从虍，宓字从宀，下俱为必，末世传写，遂误以戯为宓，而《帝王世纪》因误更立名耳。何以验之？孔子弟子虙子贱为单父宰，即虙羲之后，俗字亦为"宓"，或复加"山"。今兖州永昌郡城，旧单父地也，东门有子贱碑，汉世所立，乃曰："济南伏生，即子贱之后。"是"虙"之与"伏"，古来通字，误以为"宓"，较可知矣。

[注释]

1 虙fú：通"伏"，姓。

2 纬候：纬，指纬书。其书以儒家经义，附会人事吉凶祸福，预言治乱兴废，多迷信内容。候，指占验之书。

[译文]

张揖说："虙，就是现在所说的伏羲氏。"孟康《汉书·古文注》也说："虙，就是现在的伏。"而皇甫谧却说："伏羲，有人也称之为宓羲。"我查阅了各种经书、史书、纬书及占验之书，就没有宓羲这个称号。虙字从"虍"，宓字从"宀"，下面部分都是"必"，后代人传抄，就误把虙写成了宓，而皇甫谧的《帝王世纪》据此又另外立了一个名称，用什么来验证它呢？孔子的学生虙子贱担任单父的长官，他就是虙羲氏的后代，俗字也写作"宓"，有的又在宓下加个"山"。现在兖州永昌郡城就是过去单父的地盘，东门有一个子贱碑，是汉代竖立的，那上面就说：
"济南人伏生，就是子贱的后人。"由此可以知道"宓"与
"伏"，自古以来就是通用字，后人误把"宓"写作"宓"
的事实，就明显可知了。

《太史公记》[1]曰："宁为鸡口，无为牛后[2]。"此
是删[3]《战国策》耳。案：延笃[4]《战国策音义》曰：
"尸，鸡中之王。从，牛子。[5]"然则，"口"当为
"尸"，"后"当为"从"，俗写误也。

[**注释**]

1　《太史公记》：汉、魏、南北朝人称司马迁《史记》
为《太史公记》。

2　此二句谓宁作进食的鸡口，小而洁；不做出粪的牛
后，大而臭。牛后：牛肛门。

3　删：节取，采取。

4　延笃：字叔坚。汉南阳人。博通经传及百家之言，以
文章名于时。

5　《尔雅翼·释》引此二句即作"宁为鸡尸，无为牛
从"，并释云："尸，主也，一群之主，所以将众者。从，
从物者也，随群而往，制不在我也。"此二句比喻宁可在局
面小的地方自主，不愿在局面大的地方听人支使。

[**译文**]

《史记》中说："宁为鸡口，无为牛后。"这是节取《战国策》中的文字。按：延笃的《战国策音义》中说："尸，鸡中之主。从，牛子。"这样看来，鸡口的"口"字应当作"尸"字，牛后的"后"字应当作"从"字，世俗的写法是错误的。

应劭《风俗通》[1]云："《太史公记》：'高渐离[2]变名易姓，为人庸保[3]，匿作于宋子[4]，久之作苦，闻其家堂上有客击筑[5]，伎痒[6]，不能无出言。'"案：伎痒者，怀其伎而腹痒也。是以潘岳《射雉赋》亦云："徒心烦而伎痒。"今《史记》并作"徘徊"，或作"彷徨不能无出言"，是为俗传写误耳。

[**注释**]

1　应劭：东汉汝南南顿（今河南项城市南顿镇）人，字仲瑗，献帝时，任泰山太守。著有《汉官仪》十卷、《风俗通义》三十卷。《风俗通》：即《风俗通义》。内容以考释议论名物、时俗为主。

2　高渐离：战国末年燕人，擅长击筑。燕太子丹派荆轲前往秦国刺杀秦始皇时，他曾在易水边击筑送行。秦朝建立后，他刺杀秦始皇未遂，被杀。

3　庸保：受雇而被役使的人。

4　宋子：县名。

5　筑：古代弦乐器名，形如琴，十三弦。

6　伎痒：谓有所擅长，遇有机会即欲表现如痒难忍。

[**译文**]

应劭的《风俗通义》中说："《太史公记》：'高渐离变名易姓，为人庸保，匿作于宋子，久之作苦，闻其家堂上有客击筑，伎痒，不能无出言。'"按：所谓伎痒，就是怀有那种技艺很想表现，心痒难耐。因此，潘岳的《射雉赋》中也说："徒心烦而伎痒。"现在的《史记》"伎痒"二字都写作"徘徊"，或者写作"彷徨不能无出言"，这是因为世俗在传抄时写错了。

太史公论英布曰[1]："祸之兴自爱姬，生于妒媢，以至灭国。[2]"又《汉书·外戚传》亦云："成结宠妾妒媢之诛[3]。"此二"媢"并当作"媢"[4]，媢亦妒也，义见《礼记》《三苍》。且《五宗世家》亦云："常山宪王[5]后妒媢。"王充《论衡》云："妒夫媢妇生，则忿怒斗讼。"益知"媢"是"妒"之别名。原英布之诛为意[6]贲赫耳，不得言"媢"。

[**注释**]

1　太史公：即司马迁。英布，汉初诸侯王，九江郡六县（今安徽六安）人，曾坐法黥面，故又称黥布，楚汉战争中，背楚归汉，立为淮南王，汉初，以彭越、韩信相继为刘邦所杀，举兵反叛，战败被杀。

2　以上三句，盖言英布谋反被诛的起因，英布欲反之时，其爱姬生病，与中大夫贲赫饮于医家。英布怀疑二人有染，欲捕贲赫。赫至长安告发英布欲反之事。朝廷追查此事，英布遂反，终至兵败被诛，故《史记》谓"祸之兴自爱姬"。

3　此言赵飞燕事。赵飞燕为汉成帝皇后，与其妹赵昭仪专宠十余年，皆无子。成帝死后，司隶解光奏言赵氏杀后宫所产诸子，汉哀帝未追究。平帝即位，赵被废为庶人，遂自杀。

4　媢mào：男子嫉妒妻妾，也泛指嫉妒。

5　常山宪王：即刘舜，汉景帝少子，立为常山王，卒谥宪。刘舜多幸姬，引起王后妒忌，故刘舜病时，王后不常侍病。及刘舜死，此事被告发，汉朝廷遂废王后。

6　意：怀疑。《广雅·释言》："意，疑也。"

[**译文**]

《史记》中太史公评论英布说："祸之兴自爱姬，生于妒媚，以至灭国。”另外，《汉书·外戚传》中也说：“成结宠妾妒媚之诛。”这两个“媚”字都应当作“媢”字，也就是妒，这个字的含义见于《礼记》《三苍》。况且《史记·五宗世家》中也说：“常山宪王后妒媢。”王充《论衡》中说：“妒夫媢妇生，则忿怒斗讼。”更可明白“媢”是“妒”的别名，推究英布被杀的原因，是因为他怀疑贲赫，所以不能说成“媚”。

《史记·始皇本纪》：“二十八年，丞相隗林、丞相王绾等，议于海上。”诸本皆作山林之“林”。开皇[1]二年五月，长安民掘得秦时铁称权[2]，旁有铜涂镌铭[3]二所。其一所曰：“廿六年，皇帝尽并兼天下诸侯，黔首[4]大安，立号为皇帝，乃诏丞相状、绾[5]，法度量则不壹、歉疑者[6]，皆明壹之。”凡四十字。其一所曰：“元年，制诏丞相斯、去疾，法度量，尽始皇帝为之，皆□刻辞焉。今袭号而刻辞不称始皇帝，其于久远也，如后嗣为之者，不称成功盛德，刻此诏□左，使毋疑。”凡五十八字，一字磨灭，见有五十七字，了了分明。其书兼为古隶[7]。余被敕[8]写读之，与内史令[9]李德林对，见此称权，今在官库；其“丞相状”字，乃为状貌之“状”，“丬”旁作“犬”；则知俗作“隗林”，非也，当为“隗状”耳。

[注释]

1　开皇：隋文帝年号。开皇二年为公元582年。

2　权：秤锤。

3　铜涂dù镌铭：镀铜的镌刻铭文。涂：以金饰物，后写作"镀"。所：量词。相当于"处"。

4　黔首：百姓。

5　状、绾：即前《史记》文中丞相隗林，王绾。

6　法：规范，用如动词。则：准则，用如动词。壹：统一。欵疑："欵"应作"嫌"。

7　古隶：指秦汉隶书。与三国后盛行的今隶（楷书）对称。兼：全部；整个。

8　被：受。敕：皇帝的诏书。

9　内史令：职官名。

[译文]

《史记·秦始皇本纪》中说："二十八年，丞相隗林、丞相王绾等，议于海上。"各种本子都写作山林的"林"字。隋文帝开皇二年五月，长安百姓掘得一个秦代的铁秤锤，旁边有镀铜的镌刻铭文二处。其一处说："廿六年，皇帝尽并兼天下诸侯，黔首大安，立号为皇帝，乃诏丞相状、绾，法度量则不壹、欵疑者，皆明壹之。"共四十字。其另一处说："元年，制诏丞相斯、去疾，法度量，尽始皇帝为之，皆□刻辞焉。今袭号而刻辞不称始皇帝，其于久远也，如后嗣为之者，不称成功盛德，刻此诏□左，使毋疑。"共五十八字，有一个字磨灭，可见者五十七字，了了分明。它的字体全部是古隶。我受皇帝的命令摹写认读它，并与内史令李德林进行核对，见到这两个称锤，现在官库里面；那上面"丞相状"的"状"字，乃是状貌的"状"，"爿"旁加"犬"；由此知道世俗写作"隗林"，是不对的，应当写作"隗状"。

《汉书》云："中外禔福。"字当从示。禔，安也，音"匙匕"之"匙"，义见《苍》《雅》《方言》[1]。河北学士皆云如此。而江南书本，多误[2]从"手"，属文者对耦，并为"提挈"之意，恐为误也。

[注释]

1　《苍》《雅》：指《三苍》和《尔雅》。古代字书。《方言》：我国最早的一部方言词典。汉代杨雄撰。

2　误：无实义。

[译文]

《汉书》中说："中外禔福。"字应当从示。禔，安的意思，发音是匙匕的"匙"，其含义见于《三苍》《尔雅》

《方言》。河北的学士都说应该如此，而江南的写本中，多误从"手"，撰写文章的人写对偶句时，都把它当成提挈的意思，恐怕是不对的。

或问："《汉书注》：'为元后父名禁，故禁中为省中[1]。'何故以'省'代'禁'？"答曰："案：《周礼·宫正》：'掌王宫之戒令纠[2]禁。'郑注云：'纠，犹割也，察也。'李登云：'省，察也[3]。'张揖云：'省，今省督也[4]。'然则小井、所领二反[5]，并得训'察'。其处既常有禁卫省察，故以'省'代'禁'。督，古察字也。"

[注释]

1　禁中、省中：均指宫禁之中。

2　纠jiū：古同"纠"。

3　此句出李登《声类》。李登，三国魏左校令。

4　此句出张揖《古今字诂》，此书已佚。

5　小井、所领二反：指"省"字有小井、所领两个反切。

[译文]

有人问："《汉书·昭帝纪》中的注文说：'因为孝

元皇后的父亲名禁，所以把禁中改称省中。'为什么要用'省'字代替'禁'字呢？"我回答说："案：《周礼·官正》中说：'掌王宫之戒令纠禁。'郑玄的注说：'纠，犹割也，察也。'李登说：'省，察也。'张揖说：'省，今省督也。'那么小井，所领二个反切音的省字，都可以训察，禁中那种地方既然经常有禁卫军省察，所以就用'省'来代替'禁'。督，就是古代的察字。"

《汉·明帝纪》[1]："为四姓小侯立学[2]。"按：桓帝加元服[3]，又赐四姓及梁、邓小侯帛，是知皆外戚也[4]。明帝时，外戚有樊氏、郭氏、阴氏、马氏为四姓。谓之小侯者，或以年小获封，故须立学耳。或以侍祠猥朝[5]，侯非列侯[6]，故曰小侯，《礼》云："庶方小侯。"[7]则其义也。

[注释]

1　此应为《后汉书·明帝纪》。赵曦明曰："'汉'上当有'后'字。"

2　小侯：旧时称功臣子孙或外戚子弟之封侯者为小侯。李贤注引袁宏《后纪》曰："又为外戚樊氏，郭氏、阴氏、马氏诸子弟立学。号四姓小侯，置'五经'师。以非列侯，故曰小侯。"立学：设置学校。

3　元服：指冠。古称行冠礼为加元服。

4　外戚：指帝王的母族、妻族。前述四姓及梁、邓，均为外戚。

5　侍祠：侍祠侯。应劭《汉官典职》有四姓侍祠侯。猥朝：猥朝侯，亦即猥诸侯。汉代，王子封为侯者称诸侯，群臣异姓以功封者称彻侯。在长安者，皆奉朝请。其有赐特进者，位在三公下，称朝侯。位次九卿以下者，但侍祠而无朝位，称侍祠侯。其非朝侯侍祠，而以下土小国或以肺腑宿亲，若公主子孙，或奉先侯坟墓在京师者，随时会见，称猥诸侯。

6　列侯：诸侯。指王子封为侯者。

7　《礼记·曲礼下》："庶方小侯，入天子之国曰某人，于外曰子，自称曰孤。"

[译文]

《后汉书·明帝纪》中说："为四姓小侯立学。"按：汉桓帝行冠礼，又赐给四姓及梁、邓小侯丝帛，由此知道他们都是外戚。汉明帝的时候，外戚有樊氏、郭氏、阴氏、马氏这四姓。把他们称为小侯的原因，可能是因为年纪尚小就获得封爵，所以还须立学。有人认为他们属侍祠侯、猥朝侯，这些个侯不是封爵，所以叫作小侯，《礼记》中说："庶方小侯。"就是它的含义。

《后汉书》云："鹳雀衔三鳝鱼[1]。"多假借为鳣鲔之鳣[2]；俗之学士，因谓之为鳣鱼。案：魏武《四时食制》："鳣鱼大如五斗奁[3]，长一丈。"郭璞注《尔雅》："鳣长二三丈。"安有鹳雀能胜一者，况三乎？鳣又纯灰色，无文章也。鳝鱼长者不过三尺，大者不过三指，黄地黑文；故都讲云[4]："蛇鳝，卿大夫服之象也[5]。"《续汉书》及《搜神记》亦说此事[6]，皆作"鳝"字。孙卿[7]云："鱼鳖鳅鳣。"及《韩非》《说苑》皆曰："鳣似蛇，蚕似蠋[8]。"并作"鳣"字。假"鳣"为"鳝"，其来久矣。

[注释]

1 鳝：黄鳝。

2 鳣zhān：鱼名。鲔wěi：即鲟鱼。

3 奁lián：古代盛放梳妆用品的器具，呈圆形、长方形或多边形。

4 都讲：门中弟子成绩优良者。

5 象：象征。

6 《续汉书》：晋秘书监司马彪撰。《搜神记》：志怪之书。晋干宝撰。

7 孙卿：即荀卿。

8 蠋zhú：鳞翅目昆虫的幼虫。青色，似蚕，大如手指。

[译文]

《后汉书》中说："鹳雀衔三条鳝鱼。"这个鳝字大多假借为鳣、鲔的"鳣"字。那些世俗的学者，因此而称呼它为鳣鱼。按：魏武《四时食制》说："鳣鱼大如五斗奁，长度为一丈。"郭璞在《尔雅》注文中说："鳣鱼长度为二三丈。"哪里会有鹳雀能够衔得起一条鳣鱼的，何况足三条呢？而且鳣鱼是纯灰色，身上没有花纹。鳝鱼长的不过三尺。大的精细不超过三指，黄的底色黑的花纹，所以都讲说："蛇鳝是卿大夫衣服的象征。"《续汉书》及《搜神记》中也说到此事，都写作"鳝"字。荀卿说："鱼鳖鳝。"以及《韩非子》《说苑》中都说："鳝像蛇，蚕像蜀。"都写作"鳝"字。假"鳣"作"鳝"由来已久了。

《后汉书》："酷吏樊晔为天水郡守，凉州为之歌曰：'宁见乳虎穴，不入冀府寺[1]。'"而江南书本"穴"皆误作"六"。学士因循，迷而不寤[2]。夫虎豹穴居，事之较者；所以班超云："不探虎穴，安得虎子？"宁当论其六七耶？

[注释]

1 乳虎：正在哺乳的母虎，性情特别凶猛。寺：官府办公之地。冀为天水太守治所，故称冀府寺。此二句言樊晔之凶暴胜过乳虎。

2 寤：通"悟"。觉悟，了解。

[译文]

《后汉书》中说："酷吏樊晔任天水郡太守，凉州城百姓为他编了歌说：'宁见乳虎穴，不入冀府寺。'"而江南的版本"穴"字都误写作"六"字。学者们沿袭这个错误，有了迷误而未认识到。虎豹穴居，这是明明白白的事；所以班超说："不探虎穴，安得虎子？"难道他说的是六只虎七只虎吗？

《后汉书·杨由传》云："风吹削肺[1]。"此是削札牍之柿耳。古者，书误则削之，故《左传》云"削而投之"是也。或即谓札为削[2]，王褒《童约》曰："书削代牍[3]。"苏竟书云："昔以摩研编削之才[4]。"皆其证也。《诗》云："伐木浒浒[5]。"毛《传》云："浒浒，柿貌也。"史家假借为肝肺字，俗本因是悉作脯腊之脯[6]，或为反哺之哺[7]。学士因解云："削哺，是屏障之名。"既无证据，亦为妄矣！此是风角占候耳[8]。《风角书》[9]曰："庶人风者，拂地扬尘转削[10]。"若是屏障，何由可转也？

[**注释**]

1　削肺：削札牍时削下的碎片。

2　札：古代书写用的小而薄的木片。

3　牍：古代写字用的木板。

4　摩研：切磋研究。编削：指编纂书籍。削即札，古代书籍用木片或竹简制成。

5　浒浒xǔ：伐木声。今本《诗经》作"许许"。

6　脯fǔ腊：干肉。

7　反哺：鸟雏长成，衔食喂养其母。

8　风角：古代占卜之法。

9　《风角书》：讲风角占卜之书。

10　以上二句大意是说：普通人的风，能够吹拂地面，扬起尘土，使地上的木屑随风旋转。这里说利用风角之术来占吉凶。削：碎木屑。

[**译文**]

《后汉书·杨由传》中说："风吹削肺。"这个"肺"就是削札牍的"柿"。古时候，字写错了就把它刮削掉，所以《左传》说"削而投之"就是这个意思。也有把"札"

叫作"削"的，王褒《童约》中说："书削代牍。"苏竟的信中说："昔以摩研编削之才。"都是"札"作"削"的证据。《诗经》中说："伐木浒浒。"毛《传》解释说："浒浒，柿貌也。"史官们用假借之法把"柿"字变成了肝肺的"肺"字，世上流行的版本又据此全都写成了脯腊的"脯"字，或者写作反哺的"哺"字。学者都们因此解释《后汉书》中的"削哺"一词说："削哺，是屏障之名。"这种解释既无证据，也只能算是乱说了。《风角书》中说："庶人风者，拂地扬尘转削。"如果"削"是指屏障，怎么可能转动呢？

《三辅决录》云："前队大夫[1]范仲公，盐豉蒜果共一筒。""果"当作魏颗[2]之"颗"。北土通呼物一块，改为一颗[3]，蒜颗是俗间常语耳。故陈思王[4]《鹞雀赋》曰："头如果蒜，目似擘椒[5]。"又《道经》云："合口诵经声璅璅[6]，眼中泪出珠子磥[7]。"其字虽异，其音与义颇同。江南但呼为蒜符，不知谓为"颗"。学士相承，读为裹结之裹，言盐与蒜共一苞裹[8]，内筒中耳[9]。《正史削繁音义》又音蒜颗为苦戈反，皆失也。

[注释]

1 前队suì：指南阳郡。大夫：南阳郡置大夫，职如太守。

　　2　魏颗：春秋时晋国大夫。

　　3　颗：同"块"。

　　4　陈思王：即曹植。

　　5　擘：分开，剖裂。

　　6　璅：同"琐"。

　　7　磈：同"颗"。颗粒。

　　8　苞裹：包裹。

　　9　内：同"纳"。纳入。

[译文]

　　《三辅决录》中说："前队大夫范仲公，盐豉蒜果共一筒。""果"字应当读作魏颗的"颗"。北方地区普遍把"一块"东西，改称为"一颗"，蒜颗就是世间的常用语。所以陈思王曹植的《鹞雀赋》中说："头如果蒜，目似擘椒。"另外《老子化胡经》说："合口诵经声琐琐，眼中泪出珠子颗。"这个字虽然写法不同，但它的发音和意义与"颗"字是很相同的。江南地区只是称呼为蒜符，不知道叫作蒜颗。学者互相承袭，把这个字读成了裹结的裹，说范仲公把盐和蒜一起包在包裹里，放进竹筒中。《正史削繁音义》中又给蒜颗的"颗"注音为苦戈反，两者都是错误的。

有人访吾曰："《魏志》蒋济[1]上书云'弊劲之民'，是何字也？"余应之曰："意为劲即是舷倦之舷耳[2]。张揖、吕忱并云：'支傍作刀剑之刀，亦是剞字。'不知蒋氏自造'支'傍作'筋力'之'力'，或借'剞'[3]字，终当音九伪反。"

[注释]

1 蒋济：字子通，楚国平阿人。任护军将军，加散骑常侍。

2 舷guì：极度疲乏。

3 剞jī：雕刻用的曲刀。

[译文]

有人询问我说："《魏志》中蒋济上书说'弊劲之民'，这个'劲'是什么字啊？"我回答他说："根据行文的意思，劲就是舷倦的舷字。张揖、吕忱都说：'这个字是支傍加刀剑的刀，也就是剞字。'不知道这个字是蒋济自造支傍加上筋力的力字，还是有人借用它作剞字？终归还是应当发音为九伪反。"

《晋中兴书》[1]："太山羊曼[2]，常颓纵任侠[3]，饮酒诞节[4]，兖州号为䲹伯[5]。"此字皆无音训。梁孝元帝常谓吾曰："由来不识。唯张简宪见教，呼为噆羹之噆[6]。自尔便遵承之，亦不知所出。"简宪是湘州刺史张缵谥也[7]，江南号为硕学。案：法盛世代殊近[8]，当是耆老相传[9]；俗间又有黵黵语，盖无所不施，无所不容之意也。顾野王《玉篇》误为黑傍沓[10]。顾虽博物，犹出简宪、孝元之下，而二人皆云重边。吾所见数本，并无作黑者。重沓是多饶积厚之意，从黑更无义旨。

[注释]

1 《晋中兴书》：从东晋写起，为南朝宋湘东太守何法盛撰。

2 羊曼：晋人。字祖延。

3 常：通"尝"，曾经。颓纵：疏慢放纵。任侠：凭借权威、勇力或财力等手段扶助弱小，帮助他人。

4 诞节：漫无节制的意思。

5 《晋书·羊曼传》："时州里称陈留阮放为宏伯，高平郗鉴为方伯，泰山胡毋辅之为达伯，济阴卞壶为裁伯，陈留蔡谟为郎伯，阮孚为诞伯，高平刘绥为委伯，而曼为黵伯，号兖州八伯。"

6 噆tà羹：谓饮羹不加咀嚼而连菜吞下。

7 张缵：字伯绪。仕梁为湘州刺史，后被害。

8 法盛：即著《晋中兴书》的何法盛，南朝宋人。

9 耆qí老：老年人。

10 《玉篇》：字书。南朝梁顾野王撰。今本三十卷。黑傍沓：即黯字。

[译文]

《晋中兴书》中说："太山的羊曼，曾经是为人疏慢放纵，扶弱济贫，好酒贪杯漫无节制，兖州那里的人把他称为鹔伯。"这个鹔字各种书里都没有解释。梁孝元帝曾经对我说："我从前不认识这个字。只有张简宪曾经教过我，把它叫作噎羹的噎字。从那以后我就遵从这个读音了，也不知道它的出处。"简宪是湘州刺史张缵的谥号，江南地区的人称他为饱学之士。按：著《晋中兴书》的何法盛离我们年代很近，那个鹔字应当是老人们传下来的。社会上又有鹔鹔这个词语，大致是无所不施，无所不容的意思。顾野王的《玉篇》误写为黑傍加沓。顾野王这人虽然博学多闻，但他的学识还是在张缵、梁孝元帝之下，而后二人都说是重字边。我所见到的几个本子，都没有作黑傍的。重沓是多饶积厚的意思，从黑傍是没有意义的。

《古乐府》歌词，先述三子，次及三妇，妇是对舅姑之称。其末章云："丈人且安坐，调弦未遽央。"[1]古者，子妇供事舅姑，旦夕在侧，与儿女无异，故有此言。丈人亦长老之目，今世俗犹呼其祖考为先亡丈人[2]。又疑"丈"当作"大"，北间风俗，妇呼舅为大人公。"丈"之与"大"，易为误耳。近代文士，颇作《三妇诗》，乃为匹嫡并耦己之群妻之意[3]，又加郑、卫之辞[4]，大雅君子[5]，何其谬乎？

[注释]

1　此为《乐府·清调曲·相逢行》。其词曰："相逢狭路间，道隘不容车。如何两少年，挟毂问君家，君家诚易知，易知复难忘。黄金为君门，白玉为君堂；堂上置樽酒，使作邯郸倡。中庭生桂树，华灯何煌煌。兄弟两三人，中子为侍郎。五日一来归，道上自生光，黄金络马头，观者满路傍。入门时左顾，但见双鸳鸯，鸳鸯七十二，罗列自成行。音声何噰噰，鹤鸣东西厢。大妇织绮罗，中妇织流黄，小妇无所作，挟瑟上高堂，丈人且安坐，调弦未遽央。"颜氏谓"先述三子，次及三妇"，于诗中可见。舅姑、丈人：均指公婆。未遽央：仓促未尽的意思。

2　祖考：指已故的祖辈、父辈。

3　匹嫡：婚配。耦己：成双。

4　郑、卫之辞：指春秋时郑国、卫国的歌辞。后用于代指浮华淫靡的文学作品。

5　大雅君子：指道德才学俱佳者。

[译文]

《古乐府·相逢行》中的歌词，先记述三个儿子，其次才述及三个媳妇。媳妇是相对公婆而言的称呼。这首歌词的末章说："丈人且安坐，调弦未遽央。"古时侯，媳妇供养侍奉公婆，早晚都在两老身旁，与儿女没有两样，所以歌词中有这些话。丈人也可作为长辈老人的称呼，现在的习惯仍然把某人的已故祖、父称为先亡丈人。我又怀疑"丈"字应当写作"大"字，北方的风俗，媳妇称呼公公为大人公。"丈"字与"大"字，容易误写。近代的文士，有很多人写有《三妇诗》，内容却是描写自己与妻妾配对成双的事，又加入一些淫邪的词句，这些道德高尚才能出众的人，为什么如此荒谬呢？

　　《古乐府》歌百里奚[1]词曰："百里奚，五羊皮。忆别时，烹伏雌，吹扊扅；今日富贵忘我为[2]！" "吹[3]" 当作炊煮之 "炊"。案：蔡邕《月令章句》曰："键，关牡也，所以止扉，或谓之剡移。"然则当时贫困，并以门牡木作薪炊耳。《声类》作扊，又或作 "扂"。

[注释]

1 百里奚：春秋时秦穆公贤相。原为虞国大夫。虞国被灭后，他流落到楚国。秦穆公闻其贤，用五张羊皮将他从楚国赎回，故被称为"五羖大夫"。后辅佐秦穆公建成霸业。

　　2 据《乐府解题》引《风俗通》：百里奚为秦相后，其妻为洗衣妇。在相府举行的一次音乐会上，她演唱了这首歌词。百里奚方知这位洗衣妇就是他过去的妻子，遂重新结为夫妇。伏雌：母鸡。㸑 yǎn 㢍 yí：门闩。

　　3 吹："吹"与"炊"古时通用。

［译文］

　　《古乐府》歌咏百里奚的歌词说："百里奚，五羊皮。忆别时，烹伏雌，吹㸑㢍，今日富贵忘我为！""吹"字应写作炊煮的"炊"。按：蔡邕的《月令章句》中说："键，就是关牡，是用它来栓门的，有人也称它做刬移。"这样看来，百里奚夫妇当时很贫困，把门闩也当作薪柴烧了。这个字《声类》写作"㸑"，有的书也写作"㢍"。

　　《通俗文》，世间题云"河南服虔字子慎造[1]"。虔既是汉人，其《叙》乃引苏林、张揖[2]；苏、张皆是魏人。且郑玄以前，全不解反语[3]，《通俗》反音，甚会近俗[4]。阮孝绪又云"李虔所造"[5]。河北此书，家藏一本，遂无作李虔者。《晋中经簿》及《七志》[6]，并无其目，竟不得知谁制。然其文义允惬，实是高才。殷仲堪《常用字训》，亦引服虔《俗说》，今复无此书，未知即是《通俗文》，为当有异[7]？近代或更有服虔乎？不能明也。

[**注释**]

1 《通俗文》：训释经史用字之书。服虔：汉人。字子慎。《隋书·经籍志》中著录有服虔《通俗文》。

2 苏林：三国魏人，字孝友。通文字训诂。张揖：魏人。

3 反语：即反切。古代注音的一种方法，即用两个字注一个字的读音。这两个字的前一个字取声母，后一个字取韵母和声调，如"毛，莫袍反"。

4 会：合。近俗：现在的习尚。

5 阮孝绪：南朝梁人，字士宗。以德行显于世。撰有《七录削繁》。此云《通俗文》李虔所造，当出其中。

6 《晋中经簿》：即《中经新簿》。三国魏荀勖撰。《七志》：南朝宋王俭撰。二书均为书目。

7 为：或者，还是。表选择。

[**译文**]

《通俗文》一书，世间的本子写作"河南服虔字子慎撰"。服虔既是汉人，他的《叙》却引用了苏林、张揖的话；苏林、张揖都是三国时魏国人。而且在郑玄以前，人们都不懂得反切，《通俗文》中的反切注音，与现在的习尚相合。阮孝绪又说是"李虔所撰"。这本书在河北地区，家家收藏有一本，就没有题作李虔的。《晋中经簿》及《七志》中，并没有它的条目，最终不能知道是谁撰写的。但是它的文辞妥贴，确实是高才。殷仲堪的《常用字训》，也引用了服虔的《俗说》，现在又没见到这本书，不知它就是《通俗文》，还是另一种书？或是另有一位服虔吗？不能知晓啊。

或问："《山海经》，夏禹及益所记，而有长沙、零陵、桂阳、诸暨，如此郡县不少，以为何也？"答曰："史之阙文[1]，为日久矣；加复秦人灭学，董卓焚书，典籍错乱，非止于此。譬犹《本草》神农所述，而有豫章、朱崖、赵国、常山、奉高、真定、临淄、冯翊等郡县名，出诸药物；《尔雅》周公所作，而云'张仲孝友'；仲尼修《春秋》，而《经》书孔丘卒；《世本》左丘明所书，而有燕王喜、汉高祖；《汲冢琐语》，乃载《秦望碑》；《苍颉篇》李斯所造，而云'汉兼天下，海内并厕，豨黥韩覆，畔讨灭残'；《列仙传》刘向所造，而《赞》云七十四人出佛经；《列女传》亦向所造，其子歆又作《颂》，终于赵悼后，而传有更始韩夫人、明德马后及梁夫人嫕。皆由后人所羼[2]，非本文也。"

［注释］

1　阙文：缺疑不书。

2　屪：错乱混杂。

［译文］

有人问：“《山海经》这本书，是由夏禹和伯益记述的，而里面有长沙、零陵、桂阳、诸暨等地名，像这样的郡县名在这本书里提到不少，您认为这是怎么回事呢？”我回答说：“史书的文章残缺不全，这种情况由来已久；再加上秦朝灭绝学术，董卓作乱焚书，导致经书典籍杂乱无序，失去本来面貌，其中的错误不止这些。譬如像《本草》这本书是神农所记述的，然而里面有豫章、朱崖、赵国、常山、奉高、真定、临淄、冯翊等汉代的郡县名称，出产各种药物；《尔雅》是周公撰写的，而书中却说出‘张仲孝友’的话；孔子修订《春秋》，而《春秋左氏传》却写着孔子死亡的语句；《世本》是左丘明撰写的，而里面却有燕王喜、汉高祖之名；《汲冢琐语》发掘于战国时期，里面却记载有《秦望碑》的文字；《苍颉篇》是秦丞相李斯所撰写的，里面却说：汉朝兼并天下，海内英雄竞相参与，陈豨被黥面，韩信遭败覆，叛臣被讨伐，残贼被消灭；《列仙传》是西汉人刘向所撰写的，而书中的《赞》却说七十四人出自佛经；《列女传》也是刘向所撰写的，他的儿子刘歆又写了《列女传颂》，记事终止于赵悼后，而传中却有更始韩夫人、明德马后及梁夫人嫕。以上所述都是后人掺杂进去的，不是原文。"

　　或问曰："《东宫旧事》何以呼鸱尾为祠尾[1]？"答曰："张敞[2]者，吴人，不甚稽古[3]，随宜记注，逐乡俗讹谬，造作书字耳。吴人呼祠祀为鸱祀，故以祠代鸱字；呼绀为禁，故以糸傍作禁代绀字；呼盏为竹简反，故以木傍作展代盏字；呼镬字为霍字，故以金傍作霍代镬字；又金傍作患为镮字，木傍作鬼为魁字，火傍作庶为炙字，既下作毛为髻字；金花则金傍作华，窗扇则木傍作扇。诸如此类，专辄[4]不少。

[**注释**]

　　1 《东宫旧事》：书名。《隋书·经籍志》著录十卷，未著撰人，《旧唐书·经籍志》题张敞撰，与颜氏同。鸱chī尾：宫殿屋脊正脊两端构件上的装饰。

　　2 张敞：晋吴郡吴人，仕至侍中尚书，吴国内史，见《宋书·张茂度传》。

　　3 稽古：研习古事。

　　4 专辄：专断，专擅。

［译文］

有人问道："《东宫旧事》为什么称鸱尾为祠尾？"我回答说："作者张敞是吴地人，不太研习古事，随手记述注释，顺从了乡俗的错误，造了这类字体。吴地人称呼祠祀为鸱祀，所以用祠代鸱字；称呼绀为禁，所以用糸旁加禁代替绀字；称呼盏为"竹简反"的音，所以用木旁加展代替盏字；称呼镶字为霍字，所以用金旁加霍代替镶字；又用金旁加患代替镶字，木旁加鬼代替魁字，火旁加庶代替炙字，既下加毛代替髻字，金花就用金旁加华字表示，窗扇就用木旁加扇字表示。诸如此类，任意乱写的字为数不少。

又问："《东宫旧事》：'六色罽緷'[1]，是何等物？当作何音？"答曰："案：《说文》云：'菨，牛藻也，读若威[2]。'《音隐》[3]：'坞瑰反。'即陆机[4]所谓'聚藻，叶如蓬'者也。又郭璞注《三苍》亦云：'蕰[5]，藻之类也，细叶蓬茸生。'然今水中有此物，一节长数寸，细茸如丝，圆绕可爱，长者二三十节，犹呼为菨；又寸断五色丝，横着线股间绳之，以象菨草，用以饰物，即名为菨；丁呼当绀六色罽[6]，作此菨以饰绲带[7]，张敞因造糸旁畏耳，宜作隈。"

[**注释**]

1　六色罽jì緷wēi：“罽”为毡类毛织品。“六色”乃状其色彩斑斓。“緷”之义见下文。

2　菌jūn：水藻名。王利器曰：“君、威二字，古声近通用，如君姑亦作威姑，即其例证，故许慎读菌若威。”

3　《音隐》：即《说文音隐》。

4　陆机：字元恪。三国吴郡人。著有《毛诗草木虫鱼疏》二卷。

5　蕰：即蕰藻。

6　绀gān：呈红色的深青色。此处作“绀”，义不可通。《太平御览》作“绁”，缚的意思，较可通。

7　绲gǔn带：织带。

[**译文**]

又有人问：“《东宫旧事》上面的‘六色罽緷’是什么东西？应当读作什么音？”我回答说：“按：《说文解字》说：‘菌，就是牛藻，读作威的音。’《说文音隐》中注音为‘坞瑰反’。就是陆机所说的‘聚藻，叶子像蓬草’的那种东西。另外，郭璞注释的《三苍》中也说：‘蕰，属藻类，细叶子像蓬草柔密地丛生着。’现在水中有这种东西，它的一节有几寸长，纤细如丝，缠绕成圆形，十分可爱，长有二三十节，人们仍然称它为菌。此外，把五色丝线剪断成一寸长，横放在几股线中间用绳子拴住，把它做得像著草一样，用来装饰物品，就把它叫作著。当时一定是要捆缚六色著，就制作了这种著来装饰绳带，张敞于是造了糸旁加畏的字，发音是隈。"

柏人城东北有一孤山，古书无载者。唯阚骃《十三州志》以为舜纳于大麓[1]，即谓此山，其上今犹有尧祠焉；世俗或呼为宣务山，或呼为虚无山，莫知所出。赵郡士族有李穆叔、季节兄弟、李普济，亦为学问，并不能定乡邑此山。余尝为赵州佐[2]，共太原王邵读柏人城西门内碑。碑是汉桓帝时柏人县民为县令徐整所立，铭曰："山有嵰嵷，王乔所仙。"方知此嵰嵷山也。嵰字遂无所出。嵷字依诸字书，即旄丘之旄也；旄字，《字林》一音亡付反，今依附俗名，当音权务耳。入邺，为魏收说之，收大嘉叹。值其为《赵州庄严寺碑铭》，因云："权务之精。"即用此也。

[注释]

1　麓：山林。

2　佐：辅官。

[译文]

　　柏人城东北有一座孤山，古书中没有记载它的。只有阚骃的《十三州志》认为舜进入大麓，就是说的这座山，它的上面现在还有尧的祠庙；世人有的称它为宣务山，有的称它为虚无山，没有谁知道这些称呼的来历。赵郡的士族中有李穆叔、李季节兄弟和李普济，也可算有学问的人，都不能判定他们家乡这座山的名称。我曾经担任赵州佐，与太原的王邵一起读柏人城西门内的石碑。碑是汉桓帝时柏人县的民众为县令徐整竖立的，上面的铭文说："有一座巏嵍山，是王子乔成仙的地方。"我才知道这山就是巏嵍山。巏字却不知道它的出处。嵍字依照各种字书，就是庬丘的"庬"字，《字林》给旄字注音作亡付反，现在依照通俗的名称，应当读作"权务"的音。我到邺城后，给魏收说了这件事，魏收对此大加赞许。正赶上他撰写《赵州庄严寺碑铭》，于是写了"权务之精"这句话，就是使用了这个典故。

　　或问："一夜何故五更？更何所训？"答曰："汉、魏以来，谓为甲夜、乙夜、丙夜、丁夜、戊夜，又云鼓，一鼓、二鼓、三鼓、四鼓、五鼓，亦云一更、二更、三更、四更、五更，皆以五为节。《西都赋》亦云：'卫以严更之署[1]。'所以尔者，假令正月建寅[2]，斗柄夕则指寅[3]，晓则指午矣；自寅至午，凡历五辰[4]。

冬夏之月，虽复长短参差，然辰间辽阔，盈不过六，缩不至四，进退常在五者之间。更，历也，经也，故曰五更尔。"

[**注释**]

1 《西都赋》：班固作。卫：保卫。严更之署：督行夜鼓的郎署。护卫汉宫。汉宫周卫，郎在内，卫卒在外，郎所居为署。此句意思是：以督行夜鼓的郎署护卫汉宫。

2 建寅：夏历以寅月为岁首，称建寅。

3 斗柄：北斗七星中，玉衡、开阳、摇光三星组成斗柄，称作"杓"。

4 古人用十二地支表示一昼夜的十二个时辰，每个时辰等于现在的两小时。从寅时开始，经卯、辰、巳、午共五个时辰。

[**译文**]

有人问："一夜为什么有五更？'更'字作什么解释？"我回答说："汉、魏以来，一夜的五个时辰被称为甲夜、乙夜、丙夜、丁夜、戊夜，又叫作鼓，一鼓、二鼓、三鼓、四鼓、五鼓，也叫作一更、二更、三更、四更、五更，都是以五来划分时间段落。《西都赋》中也说：'卫以严更之署。'之所以这样，是因为假如把正月作为建寅之月，北斗星的斗柄日落时就指向寅的区间，日出时就指向午的区间；从寅时到午时，共经历了五个区间。冬天和夏天的月份，白昼和夜晚的时间虽然长短不齐，但是对时辰的宽广来说，增长不会超过六个时辰，减短不会低于四个时辰，进退常在五个时辰之间。更，是经历、经过的意思，所以称作五更。”

《尔雅》云：“术，山蓟也。[1]”郭璞注云：“今术似蓟而生山中。”案：术叶其体似蓟，近世文士，遂读蓟为筋肉之筋，以耦[2]地骨用之，恐失其义。

[注释]

1 术zhú：草名。山蓟jì：术的别名。

2 耦：通“偶”。

[译文]

《尔雅》中说：“术，就是山蓟。”郭璞的注说：“术像蓟，生长在山中。”按：术的叶子其形状就像蓟，近代的文人，竟然把蓟读成筋肉的筋，以“山蓟（筋）”作为“地骨”的对偶来使用它，怕是发错了音。

或问：“俗名傀儡子为郭秃[1]，有故实乎？”答曰：

"《风俗通》云：'诸郭皆讳秃。'当是前代人有姓郭而病秃者，滑稽戏调[2]，故后人为其象，呼为郭秃，犹《文康》象庾亮耳[3]。"

[注释]

1 傀儡子：即傀儡戏，现在通称木偶戏。

2 戏调：开玩笑。

3 《文康》：乐舞名。又名《礼毕》。因扮演晋太尉庾亮，谥号为文康，故名。

[译文]

有人问："俗称傀儡戏叫郭秃，有什么典故吗？"我回答说："《风俗通》中讲：'姓郭的人都忌讳秃字。'当是前代人有姓郭而患秃头病的人，善于滑稽调笑，所以后人就制作了他的形象，它叫作郭秃，就像《文康》乐舞中出现的庾亮的形象一样。

或问曰："何故名治狱参军为长流乎？"答曰："《帝王世纪》[1]云：'帝少昊[2]崩，其神降于长流之山，于祀主秋[3]。'案：《周礼·秋官》，司寇[4]主刑罚、长流之职，汉、魏捕贼掾[5]耳。晋、宋以来，始为参军，上属司寇，故取秋帝[6]所居为嘉名焉。"

[**注释**]

1 《帝王世纪》：书名。晋皇甫谧撰。

2 少昊：传说古部落首领名。也作少皞。

3 于祀主秋：主持秋祭，即秋祭之神主。

4 司寇：主管刑狱的官员。

5 掾：官府中佐助官吏的通称。

6 秋帝：指少昊。

[**译文**]

有人问："为什么把治狱参军取名为长流呢？"我回答说："《帝王世纪》说：'帝少昊驾崩，他的神灵降临到长流山上，主持秋祭。'按：《周礼·秋官》中说，司寇掌管刑罚，长流的职务，在汉、魏就是捕贼掾。晋、宋以后才开始置参军，上属司寇管辖，所以就取秋帝昊所居之处作为美称。"

客有难主人曰："今之经典，子皆谓非，《说文》所言，子皆云是，然则许慎胜孔子乎？"

主人拊掌大笑，应之曰："今之经典，皆孔子手迹耶？"客曰："今之《说文》，皆许慎手迹乎？"答曰："许慎检以六文[1]，贯以部分[2]，使不得误，误则觉之。孔子存其义而不论其文也。先儒尚得改文从意，何况书写流传耶？必如《左传》止戈为武，反正为乏，皿虫为蛊，亥有二首六身之类，后人自不得辄改也，安敢以《说文》校其是非哉？且余亦不专以《说文》为是也，其有援引经传，与今乖者，未之敢从。又相如《封禅书》曰：'导一茎六穗于庖，牺双觡共抵之兽[3]。'此导训择，光武诏云：'非徒有豫养导择[4]之劳'是也。而《说文》云：'导是禾名。'引《封禅书》为证；无妨自当有禾名蕖，非相如所用也。'禾一茎六穗于庖'，岂成文乎？纵使相如天才鄙拙，强为此语；则下句当云'麟双觡共抵之兽'，不得云牺也。吾尝笑许纯儒[5]，不达文章之体，如此之流，不足凭信。大抵服其为书[6]，隐括有条例[7]，剖析穷根源，郑玄注书，往往引以为证；若不信其说，则冥冥不知一点一画，有何意焉。"

[注释]

1 六文：即六书。古人分析汉字的造字方法而归纳出来的六种条例，即象形、指事、会意、形声、转注、假借。

2 部分：指许慎在《说文解字》中首创的部首编排法。

3 导：选择。庖：厨房。牺：宗庙祭祀的牲畜。觡：角。抵：本，指角的底部。

4 导择：二字连文为义，即选择的意思。

5 纯儒：纯粹的儒者。这里指专于文字训诂。

6　大抵：表示总括一般情况。服：佩服。

7　隐括：也作隐栝。矫正竹木弯曲的器具。引申为修改、订正之意。

［译文］

有位客人责难我说："今天的经典，你都说不对，《说文》所说的，你都说对，这么说来，许慎比孔子还高明吗？"我拍手大笑，回答他说："今天的经典，都是孔子的亲笔手迹吗？"客人说："今天的《说文》，都是许慎的亲笔手迹吗？"我回答道："许慎用六书来检验文字，用分出的部首贯串全书，使它们不致出现错误，出现错误就能发现。孔子保留文句的含义而不讨论文字本身。前辈学者还可以按照自己的看法来改动文字，何况这些典籍经过历代传抄呢？必须是像《左传》里所说的止戈为武，反正为乏，皿虫为蛊，亥有二首六身这类情况，后人自然不能随便改动，哪能用《说文》来校订它们的是非呢？况且我也不是只以《说文》为是，《说文》中有援引经传的文句，与今天的经传文句不相合的，我就不敢顺从它。又比如司马相如的《封禅书》中说：'导一茎六穗于庖，牺双觡共抵之兽。'这个导字就解释作择，汉光武帝的诏书说：'非徒有豫养导择之劳'的导字，就是这个含义。而《说文》中却说：'是禾名。'并引《封禅书》为证。我们不妨说本来就有一种禾，却不是司马相如在《封禅书》中使用的。否则，'禾一茎六穗于庖'，难道能成文句吗？就算是司马相如的天资低下拙劣，很勉强地写下了这句话，那么下一句也应当说'麟双觡共抵之兽'，而不应该说'牺'。我曾经嘲笑许慎是专一于文字的纯粹儒者，不懂得文章的体制，像这一类情况，就不足凭信。但总的说来我佩服许慎撰写的这本书，审定文字有条例可依，剖析文字含义能够穷尽它的根源，郑玄注释经书，往往引用《说文》作为证据。如果我们不相信《说文》的说法，就会懵懵懂懂地不知道文字的一点一画有什么意义。

世间小学者[1]，不通古今，必依小篆[2]，是正书记[3]；凡《尔雅》《三苍》《说文》，岂能悉得苍颉本指哉[4]？亦是随代损益，互有同异。西晋已往字书，何可全非？但令体例成就，不为专辄耳[5]。考校是非，特须消息[6]。至如"仲尼居"，三字之中，两字非体，《三苍》"尼"旁益"丘"[7]，《说文》"尸"下施"几"[8]：如此之类，何由可从？古无二字，又多假借，以中为仲，以说为悦，以召为邵，以閒为闲：如此之徒，亦不劳改。自有讹谬，过成鄙俗，"乱"旁为"舌"，"揖"下无"耳"，"鼋""鼍"从"龟"，"奮""奪"从"萑"，"席"中加"带"，"恶"上安"西"，

"鼓"外设"皮"，"鼗"头生"毁"，"离"则配"禹"，"壑"乃施"豁"，"巫"混"经"旁，"皋"分"泽"片，"猎"化为"獦"，"宠"变成"寵"，"业"左益"片"，"靈"底着"器"，"率"字自有"律"音，强改为别；"单"字自有"善"音，辄析成异：如此之类，不可不治。吾昔初看《说文》，蚩薄世字，从正则惧人不识，随俗则意嫌其非，略是不得下笔也。所见渐广，更知通变，救前之执，将欲半焉。若文章著述，犹择微相影响者行之，官曹文书，世间尺牍，幸不违俗也。

[**注释**]

1 小学：指文字、音韵、训诂之学。

2 小篆：书体的一种。相传秦相李斯将籀文简化而成。

3 是正：订正，校正。书记：书籍。

4 苍颉：即仓颉，传说他创造了文字。本指：本意。这里指最初字形。指，通"旨"。

5 专辄：专擅，专断。

6 消息：斟酌。

7 "尼"旁益"丘"：字作"呢"，古时作尼的正字。

8 "尸"下施"几"：字作"尻"。古人以之作居处的"居"字。

［译文］

世上那些研究文字、训诂的人不懂古今文字的变化，写字一定要依据小篆，以此订正书籍，凡是《尔雅》《三苍》《说文》中的文字，难道都能得到苍颉造字时的最初字形吗？也是依随年代变化而增减笔画，相互之间有同有异，西晋以来的字书，哪里能够全部否定呢？只要它能使体例完备，不任意专断就行了。考校文字的是非，特别需要斟酌，至于像"仲尼居"这三个字中，有两个字就不合正体，《三苍》在"尼"旁边加了"丘"，《说文》中在"尸"下面放了"几"：像这一类例子，哪里可以依从呢？古代一个字没有两种形体，又多假借之字，以中为仲，以说为悦，以召为邵，以閒为闲：像这一类情况，也用不着劳神去改它。有时文字本身就有错讹谬误，这种错字却形成了不良的风气，如"乱"字旁边是"舌"，"揖"字下面无"耳"。"鼋""鼍"的下面部分依从了"龟"的形体，"奋""奪"的下面依从了"雚"的形体，"席"字中间加成"带"字，"恶"字上面安放成"西"，"鼓"字的右面写成"皮"字，"鑿"字头上生出"毁"字，"离"字的左面配上"禹"字，"壑"字上面加成"豁"，"巫"字与"经"的部首相混淆，"皋"字分"泽"的半边成了"聿"，"猎"字变成了"獦"字，"宠"字变成了"寵"字，"业"字左面加上"片"，"靈"的下面写成"器"，

"率"字本来就有律这个音，却勉强地改换为别的字，"单"字本来就有善这个音，却分写成不同的两个字：像这一类情况，不可不加整治。我从前看《说文》时，看不起俗字，想依从正体又怕别人不认识，想随顺俗体心里又觉得这样写不对，这样就完全不能下笔为文了。后来，随着所见的东西逐渐增多，进一步懂得了变通的道理，要补救从前的偏执态度，需要把从正和随俗二者结合起来。如果是写文章做学问，仍然要选择影响较小的俗字来用，如果是官府的文书，或社会上的信函，就希望不要违背世俗习惯。

案：弥亙字从二间舟，《诗》云："亙之秬秠[1]"是也。今之隶书，转舟为日；而何法盛《中兴书》乃以舟在二问为舟航字，谬也。《春秋说》以人十四心为德，《诗说》以二在天下为酉，《汉书》以货泉为白水真人，《新论》以金昆为银，《国志》以天上有口为吴，《晋书》以黄头小人为恭，《宋书》以召刀为劭，《参同契》以人负告为造：如此之例，盖数术谬语，假借依附，杂以戏笑耳。如犹转贡字为项，以叱为七，安可用此定文字音读乎？潘、陆诸子《离合诗》《赋》《栻[2]卜》《破字经》，及鲍照《谜字》，皆取会流俗，不足以形声论之也。

［注释］

1　秬秠jù pī：秬是黑黍，秠是黑黍中一稃二米者。

2　栻shì：占卜时用的器具。

［译文］

据考证："弥亘"的"亘"字，从属于"二"字当中加"舟"字，《诗经》中说的"亘之秬秠"的"亘"就是这个字。现在的隶书，把"二"字中间的"舟"字转化成了"日"字；而何法盛的《晋中兴书》中竟然认为"舟"字加在"二"字中间所组成的字是"航"字，真是错得离谱啊。《春秋说》中以"人十四心"作"德"字，《诗说》中以"二在天下"暗指"酉"字，《汉书》中把"货泉"称为"白水真人"，《新论》之中以"金昆"暗指"银"字，《三国》中用"天上有口"暗指"吴"字，《晋书》当中用"黄头小人"暗指"恭"字，《宋书》当中用"召刀"暗指"劭"字，《周易参同契》中以"人负告"暗指"造"字：像这样的例子，都是术数附会的荒谬说法，假借别的字来的会己意，混杂乱说用来游戏取乐罢了。就好像把"贡"字转化为"项"字，把"叱"字当作"七"字，哪能根据这些说法来确定文字的读音呢？潘岳、陆机等人所写的《离合诗》《赋》《栻卜》《破字经》以及鲍照的《谜字》，都是迎合社会流俗的作品，根本不配用形声造字的方法理论来评价它们。

河间邢芳[1]语吾云："《贾谊传》[2]云：'日中必熭。'注：'熭，暴也[3]。'曾见人解云：'此是暴疾之意，正言日中不须臾，卒然便昃耳[4]。'此释为当乎？"吾谓邢曰："此语本出太公《六韬》[5]，案字书，古者曓晒字与暴疾字相似，唯下少异，后人专辄加傍日耳。言日中时，必须曓晒，不尔者，失其时也。晋灼[6]已有详释。"芳笑服而退。

[注释]

1 河间：郡名，在今河北境内。邢芳：人名，其事不详。

2 《贾谊传》：此指《汉书·贾谊传》。

3 暴：此处作暴疾解，即迅猛的意思。

4 卒cù然：突然。卒，同"猝"。

5 太公《六韬》：见本篇"太公《六韬》"段注。

6 晋灼：河南人。仕晋为尚书郎。《新唐书·艺文志》中有晋灼《汉书集注》十四卷，又《汉书音义》十七卷。

[译文]

河间人邢芳对我说："《汉书·贾谊传》中说：'日中

必囊。'注释是：'囊，暴也。'我曾经见人解释说：'这个暴是暴疾的意思，就是说太阳当顶不一会儿，突然间就西斜了。'这个解释恰当吗？"我对邢芳说："这句话原本出自太公《六韬》，根据字书看，古时候暴晒的暴字与暴疾的暴字很相似，只是下面稍微不同，后来的人主观地在暴字旁边加了个日旁。意思是说太阳当顶时，必须暴晒物品，不这样的话，就会失去时机。对此晋灼已有详细解释。"邢芳笑着信服地走了。

音辞第十八

夫九州之人，言语不同，生民已来，固常然矣。自《春秋》标齐言之传，《离骚》目《楚词》之经，此盖其较明之初也。后有扬雄著《方言》，其言大备。然皆考名物之同异，不显声读之是非也。逮郑玄注《六经》，高诱解《吕览》《淮南》，许慎造《说文》，刘熹制《释名》，始有譬况假借以证音字耳。而古语与今殊别，其间轻重清浊，犹未可晓；加以内言外言、急言徐言、读若之类，益使人疑。孙叔言创《尔雅音义》，是汉末人独知反语。至于魏世，此事大行[1]。高贵乡公不解反语，以为怪异。自兹厥后，音韵锋出，各有土风[2]，递相非笑，指马之谕，未知孰是。共以帝王都邑，参校方俗，考覈古今，为之折衷。摧而量之，独金陵与洛下耳。南方水土和柔，其音清举而切诣[3]，失在浮浅，其辞多鄙俗。北方山川深厚，其音沉浊而钝钝，得其质直，其辞多古语。然冠冕君子，南方为优；闾里小人，北方为愈。易服而与之谈，南方士庶，数言可辩；隔垣而听其语，北方朝野，终日难分。而南染吴、越，北杂夷虏，皆有深弊，不可具论。其谬失轻微者，则南人以钱为涎，以石为射，以贱为羡，以是为舐；北人以庶为戍，以如为儒，以紫为姊，以洽为狎。如此之例，两失甚多。至邺已来，唯见崔子约、崔瞻叔侄，李祖仁、李蔚兄弟，颇事言词，少为切正。李季节著《音韵决疑》，时有错失；阳休之造《切韵》，殊为疏野。吾家儿女，虽在孩稚，便渐督正之；一言讹替[4]，以为己罪矣。云为品物，未考书记者，不敢辄名，汝曹所知也。

[注释]

1 大行：广泛流行。

2 土风：指当地方言。

3 切诣yì：指发音非常迅急。

4 讹替：错误，误差。

[译文]

九州范围之内的人，言语互不相同，自从有人类以来，一向如此。自从《春秋公羊传》标出对齐国方言的解释，《离骚》被看作楚人语词的经典作品，这大概就是语言差异开始明显的初级阶段吧。后来，扬雄写出了《方言》一书，这方面的论述就大为完备了。但书中都是考辨事物名称的异同，并不显示读音的是与非。直到郑玄注释《六经》，高诱诠解《吕氏春秋》《淮南子》，许慎撰写出《说文解字》，刘熹编著了《释名》，这才开始有譬况假借的方法用来验证字音。然而古代语言与今天的语言有着很大差别，这中间语音的轻重清浊，仍然不能了解；再加上他们是采用内言外言、急言徐言、读若这一类的注音方法，就更让人疑惑不解。孙叔言创制了《尔雅音义》一书，这是汉末唯独懂得使用反切法注音的人。到了魏国时代，这种注音法盛行起来。高贵乡公曹髦不懂反切注音法，被人们认为是一桩奇怪的事。从那以后，音韵方面的论著成果大量脱颖而出，各自带有地方口语的色彩，相互之间非难嘲笑，是非曲直，也难以做出判断。看来只能是大家都用帝王都城的语言，参照比较各地方言，考查审核古今语音，用来替它们确定一个恰当的标准。经过这样的反复研究斟酌，只有金陵和洛阳的语言适合作为正音。南方的水土平和温柔，所以南方人的口音清脆悠扬、快速急切，它的弱点在于浮浅，其言辞多鄙陋粗俗。北方的山川深邃宽厚，所以北方人的口音低沉粗重、滞浊迟缓，体现了它的质朴劲直，它的言辞多古代语汇。然而谈到官宦君子的语言，还是南方地区的为优；谈到市井小民的语言，则是北方地区的较胜。让南方人变易服装而与他们交谈，那么南方的官绅与平民，通过几句话就可分辨出他们的身份；隔着墙听北方人谈话，则北方的官绅和平民，你一整天也难以区分出来。然而南方的语言已经沾染了吴越地区的方言，北方的语言已经杂糅了异族的词汇，两者都有严重的弊端，在此不能够一一加以评论。它们中错误差失较轻的例子，则如南方人把钱读作涎，把石读作射，把贱读作羡，把是读作舐；北方人把庶读作戍，把如读作儒，把紫读作姊，把洽读作狎。像这些例子，两者的差失都很多。我到邺城以来，只看到崔子约、崔瞻叔侄，李岳、李蔚兄弟，对语言略有研究，稍微做了些切磋补正的工作。李概所著的《音韵决疑》，时时出现错误差失；阳休之编著的《切韵》，十分粗略草率。我家的儿女们，虽然还在孩童时代，我就开始在这方面对他们进行矫正；孩子一个字有错误差失，我都把它视为自己的罪过。家中所做各种物品，没有经过从书本中考证过的，就不敢随便称呼名字，这些都是你们所知道的。

古今言语，时俗不同；著述之人，楚、夏[1]各异。《苍颉训诂》，反稗为逋卖，反娃为于乖；《战国策》音刌为兔，《穆天子传》音谏为间；《说文》音戛为棘，读皿为猛；《字林》音看为口甘反，音伸为辛；

《韵集》以成、仍、宏、登合成两韵，为、奇、益、石分作四章；李登《声类》以系音羿，刘昌宗《周官音》读乘若承；此例甚广，必须考校。前世反语，又多不切，徐仙民《毛诗音》反骤为在遘，《左传音》切椽为徒缘，不可依信，亦为众矣。今之学士，语亦不正；古独何人，必应随其讹僻乎？《通俗文》曰："入室求曰搜。"反为兄侯。然则兄当音所荣反。今北俗通行此音，亦古语之不可用者。玙璠[2]，鲁人宝玉，当音余烦，江南皆音藩屏之藩。岐山当音为奇，江南皆呼为神祇之祇。江陵陷没，此音被于关中，不知二者何所承[3]案。以吾浅学，未之前闻也。

[注释]

1 楚、夏：楚指春秋战国时的楚国；夏指华夏，即中原地区。此处楚、夏泛指南、北地区。

2 玙yú璠fán：美玉。

3 承：依从。

[译文]

古今的语言，因为时俗的变化而有所不同，进行著述的人，因为地处南、北而在语音上表现出差异。《苍颉训诂》一书，把稗的反切音注为逋卖，把娃的反切音注为于乖；

《战国策》中把刿注音为免，《穆天子传》中把谏注音为间；《说文》中把戛注音为棘，把皿读为猛；《字林》中把看注音为口甘反，把伸注音为辛；《韵集》中把成、仍、宏、登分别合成两个韵，把为、奇、益、石却分成四个韵；李登的《声类》以系作羿的音，刘昌宗的《周官音》中把乘读作承。这类例子是很普遍的，必须对它们进行考校。前代人标注的反语，又有很多不确切，徐邈的《毛诗音》中把骤的反切音注为在遭，《左传音》中把椽的反切音注为徒缘，那是不可以依凭的，这种情况也是很多的了。今天的学者，语音也有不正确的，古人难道有什么特殊的地方，一定要依随他们的谬误呢？《通俗文》中说："入室求曰搜。"服虔把搜的反切音注为兄侯。如果这样，那么兄应当发音为所荣反。现在北方的习惯就通行这个音，这也是古代言语中不可沿用的。玙璠，是鲁国人的宝玉，璠的反切应当发音为余烦，江南地区的人都把这个字发音为藩屏的藩。岐山的岐应当发音为奇，江南地区都把它呼为神祇的祇。江陵城陷落的时候，这两个音就流行于关中，不知道是根据什么语音来的。凭我肤浅的学识，还没有听说过。

北人之音，多以举、莒为矩；唯李季节云："齐桓公与管仲于台上谋伐莒，东郭牙望见桓公口开而不闭，故知所言者莒也。然则莒、矩必不同呼。"此为知音[1]矣。

夫物体自有精粗，精粗谓之好恶[2]；人心有所去取，去取谓之好恶[3]。此音见于葛洪、徐邈。而河北学士读《尚书》云好生恶杀[4]。是为一论物体，一就人情，殊不通矣。

甫者，男子之美称，古书多假借为父字；北人遂无一人呼为甫者，亦所未喻。唯管仲、范增之号，须依字读耳。

案：诸字书，焉者鸟名，或云语词[5]，皆音于愆反。自葛洪《要用字苑》分焉字音训：若训何训安，当音于愆反，"于焉逍遥"，"于焉嘉客"，"焉用佞"，"焉得仁"之类是也；若送句及助词，当音矣愆反，"故称龙焉"，"故称血焉"，"有民人焉"，"有社稷焉"，"托始焉尔"，"晋、郑焉依"之类是也。江南至今行此分别，昭然易晓；而河北混同一音，虽依古读，不可行于今也。

邪者，未定之词[6]。《左传》曰："不知天之弃鲁邪？抑鲁君有罪于鬼神邪？"《庄子》云："天邪地邪？"《汉书》云："是邪非邪？"之类是也。而北人即呼为也，亦为误矣。难者曰："《系辞》云：'乾坤，易之门户邪？'此又为未定辞乎？"答曰："何为不尔！上先标问，下方列德以折[7]之耳。"

［注释］

1 知音：懂音韵的人。

2 好hǎo恶è：好坏。

3 好hào恶wù：喜爱与讨厌。

4 好生恶杀：喜爱生灵，讨厌杀生。

5 语词：应为"语辞"，为文言虚词。

6 未定之词：指疑问词。

7 折：判断。

［译文］

北方人的语音，大多把"举""莒"读为"矩"。只有李季节说："齐桓公和管仲在台上商议攻伐莒国，东郭牙看见齐桓公的嘴是张开而不是闭拢，所以知道齐桓公所说的是莒国。这样看来莒、矩一定有开口合口的区别。"这就是通晓音韵的人了。

器物自身有精致或粗糙的分别，这种精致或粗糙就称之为好或恶；人的感情对某样事物有所弃取，这种弃取的态度称之为好或恶。这后一个"好、恶"的读音见于葛洪、徐邈的撰著。而河北地区的读书人读《尚书》的时候却读作"好（呼皓切）生恶（乌各切）杀"。这样，读音取了评论器物精致或粗糙的读音，而意思却是表达感情弃取的意思，就太说不通了。

“甫”是男子的美称，古代写的时候多通假为“父”字；北方人竟然没有一个人将假借为“甫”的“父”字读成“甫”，这是因为他们不明白二者的通假关系。只有管仲仲父和范增亚父二人名号中的“父”字应该依本字而读。

据考证：各种字书都认为“焉”是鸟名，也有说是虚词的，都注音为“于愆反”。自葛洪的《要用字苑》起，才开始区别“焉”字的读音和意义：如果解释作“何”“安”，就应该读作“于愆反”，“于焉逍遥”“于焉嘉容”“焉用佞”“焉得仁”之类的句子就是这样；如果“焉”字是用作句末语气词及结构助词，就应该读作“矣愆反”，“故称龙焉”“故称血焉”“有民人焉”“有社稷焉”，“托始焉尔”，“晋、郑焉依”这类句子就是如此。江南地区至今沿用这种不同读音，字的意思非常明了易懂；而黄河以北地区把两种读音混成了一种，这虽然遵从古音，却不能用在如今。

邪，是表示疑问的词。《左传》中说：“不知天之弃鲁邪？抑鲁君有罪于鬼神邪？”《庄子》中说：“天邪？地邪？”《汉书》中说：“是邪？非邪？”这类“邪”字都是这种用法。而北方人就把它读成“也”，这是错误的。责难我的人说：“《周易·系辞》中说：‘乾坤，《易》之门户邪？’这个‘邪’也是表示疑问的词吗？”我回答说：“为什么不是！上面先标明疑问，下面才阐明阴阳之德的道理以得出结论啊。"

江南学士读《左传》，口相传述，自为凡例[1]，军自败曰败，打破人军曰败。诸记传未见补败反，徐仙民读《左传》，唯一处有此音，又不言自败、败人之别，此为穿凿耳。

古人云："膏粱难整。"以其为骄奢自足，不能克励也。吾见王侯外戚，语多不正，亦由内染贱保傅，外无良师友故耳。梁世有一侯，尝对元帝饮谑，自陈"痴钝"，乃成"飔段"，元帝答之云："飔[2]异凉风，段非干木。"谓"郢州"为"永州"，元帝启报简文，简文云："庚辰吴入，遂成司隶。"如此之类，举口皆然。元帝手教诸子侍读，以此为诫。

河北切攻字为古琮，与工、公、功三字不同，殊为僻也。比世有人名暹[3]，自称为纤；名琨，自称为衮；名洸，自称为汪；名彀，自称为狗[4]。非唯音韵舛错[5]，亦使其儿孙避讳纷纭矣。

[注释]

1 凡例：通例，章法。

2 飔sī：指凉风。

3 暹xiān：太阳升起。

4　獡shuò：吃惊的样子。

5　舛chuǎn错：差错。

［译文］

江南地区的学者读《左传》，是靠口授相互传述，自订章法，自家军队失败说成败（蒲迈反），打败别的军队说成败（补败反）。各种传记中也未看见注音为补败反，徐邈所读的《左传》，只有一处注了这个音，又不说明自败、败人的区别，这就显得有些牵强附会了。

古人说："膏粱子弟其性难正。"是因为他们骄横奢侈自我满足，不能够克制私欲，力求上进。我看见那些王侯外戚，语音大多不纯正，也是由于内受下贱保傅的熏染，外无良师协助的缘故。梁朝有一位侯王，曾经与梁元帝一起饮酒戏谑，他自称"痴钝"，却说成"飔段"，梁元帝戏答他说："飔不同于凉风，段也不是干木。"他又把"郢州"说成"永州"，梁元帝把此事告知简文帝，简文帝说："庚辰日吴人进入郢都的郢，却成了后汉的司隶校尉鲍永的永。"像这一类例子，这位侯王张口就是。梁元帝亲自教授几位儿子的侍读，就以这位侯王的错讹为戒。

河北地区的人反切攻字为古琮，与工、公、功三字的读音不同，这是大错。近代有一个人名为遑，他自称为纤；有一个人名为琨，他自称为衮；有一个人名为洸，他自称为汪；有一个人名为瓢，他自称为猢。不仅音韵有错讹，也使他们的儿孙辈在避讳时纷繁杂乱，无所依从。

杂艺第十九

真草书迹，微须留意。江南谚云："尺牍书疏，千里面目也。"承晋、宋余俗，相与事之，故无顿狼狈者。吾幼承门业，加性爱重，所见法书亦多，而玩习功夫颇至，遂不能佳者，良由无分[1]故也。然而此艺不须过精。夫巧者劳而智者忧，常为人所役使，更觉为累；韦仲将遗戒，深有以也。

王逸少风流才士，萧散名人，举世惟知其书，翻以能自蔽也。萧子云每叹曰："吾著《齐书》，勒成一典，文章弘义[2]，自谓可观；唯以笔迹得名，亦异事也。"王褒地胄清华，才学优敏，后虽入关，亦被礼遇。犹以书工，崎岖碑碣之间，辛苦笔砚之役，尝悔恨曰："假使吾不知书，可不至今日邪？"以此观之，慎勿以书自命。虽然，厮猥之人，以能书拔擢[3]者多矣。故道不同不相为谋也。

梁氏秘阁[4]散逸以来，吾见二王真草多矣，家中尝得十卷；方知陶隐居、阮交州、萧祭酒诸书，莫不得羲之之体，故是书之渊源。萧晚节所变，乃右军年少时法也。

[注释]

1　无分：没有天分。

2　弘义：指大义、正道。

3　拔擢zhuó：选拔提升。

4　秘阁：即内府，古代宫中珍藏图书之处。

[译文]

楷书、草书的书法，需要稍加留意。江南的谚语说："一尺长短的信函，就是你在千里之外给人看到的面貌。"那里的人上承晋、宋流传下来的风气，大家都信奉这句话，所以没有把字写得很马虎的。我从小继承家传的学业，加上生性对书法喜爱偏重，所看到的书法范本也多，玩味研习的工夫下得颇深，但书法水平最终不高，确实是因为我没有天分的缘故吧。但是这门技艺也不需要过于精湛。巧者多劳，智者多忧，因为字写得好就经常被人使唤，反而感觉是一种负担。韦仲将给子孙留下不要学习书法的诫言，是很有道理的。

王羲之是个风流才士，潇洒闲散的名人，世间的人都知道他的书法，反而因此而掩盖了他的其他才能。萧子云常常感叹说："我撰著《齐书》，编纂成为一部史籍典策，这中间的文采大义，我自以为是可观的，却只是以书法得名，也是一件怪事啊。"王褒门第高贵，学识渊博，才思敏捷，后来虽然被迫入关，也仍然受到礼遇。但他还是因为工于书法，只能奔波于碑碣之间，辛辛苦苦地挥毫写字，他曾经悔恨地说："假如我不懂得书法，大概不会弄到今天这个样子吧？"由此看来，千万不要以书法自命。虽是这样，那些地位低下的人，因为会书法而得到提拔的也很多。所以说处境不同的人是讲不到一块的。

梁朝秘阁的图书散逸以来，我所看到的二王的楷书、草书墨迹有很多，家里就曾经收藏有十卷。由此我才知道陶弘景、阮研、萧子云三人的各种书法，没有不受王羲之书法影响的，所以王羲之的书体是书法的渊源。萧子云晚年书体有所变化，就是学习了王羲之少年时期的笔法。

晋、宋以来，多能书者。故其时俗，递相染尚，所有部帙[1]，楷正可观，不无俗字，非为大损。至梁天监之间，斯风未变；大同之末，讹替滋生。萧子云改易字体，邵陵王颇行伪字；朝野翕然，以为楷式，画虎不成，多所伤败。至为"一"字，唯见数点，或妄斟酌，逐便转移。尔后坟籍，略不可看。北朝丧乱之余，书迹鄙陋，加以专辄造字，猥拙甚于江南。乃以百念为忧，言反为变，不用为罢，追来为归，更生为苏，先人为老，如此非一，遍满经传。唯有姚元标工于楷隶，留心小学，后生师之者众。洎[2]于齐末，秘书缮写，贤于往日多矣。

江南间里间有《画书赋》，乃陶隐居弟子杜道士所为；其人未甚识字，轻为轨则[3]，托名贵师，世俗传信，后生颇为所误也。

画绘之工，亦为妙矣；自古名士，多或能之。吾家尝有梁元帝手画蝉雀白团扇及马图，亦难及也。武烈太子偏能写真，坐上宾客，随宜点染，即成数人，以问童孺，皆知姓名矣。萧贲、刘孝先、刘灵，并文学已外，复佳此法。玩阅古今，特可宝爱。若官未通显，每被公私使令，亦为猥役。吴县顾士端出身湘东王国侍郎，后为镇南府刑狱参军，有子曰庭，西朝中书舍人，父子并有琴书之艺，尤妙丹青，常被元帝所使，每怀羞恨。彭城刘岳，橐之子也，仕为骠骑府管记、平氏县令，才学快士，而画绝伦。后随武陵王入蜀，下牢之败，遂为陆护军画支江寺壁，与诸工巧[4]杂处。向使三贤都不晓画，直运素业，岂见此耻乎？

弧矢[5]之利，以威天下，先王所以观德择贤，亦济身之急务也。江南谓世之常射，以为兵射，冠冕儒生，多不习此；别有博射，弱弓长箭，施于准的，揖让升降，以行礼焉。防御寇难，了无所益。乱离之后，此术遂亡。河北文士，率晓兵射，非直葛洪一箭，已解追兵，三九宴集，常縻[6]荣赐。虽然要[7]轻禽，截狡兽，不愿汝辈为之。

卜筮者，圣人之业也；但近世无复佳师，多不能中。古者，卜以决疑，今人生疑于卜；何者？守道信谋，欲行一事，卜得恶卦，反令忒忒[8]，此之谓乎！且十中六七，以为上手，粗知大意，又不委曲。凡射奇偶，自然半收，何足赖也。世传云："解阴阳者，为鬼所嫉，坎壈[9]贫穷，多不称泰。"吾观近古以来，尤精妙者，唯京房、管辂、郭璞耳，皆无官位，多或罹灾，此言令人益信。倘值世网严密，强负此名，便有诖误[10]，亦祸源也。及星文风气，率不劳为之。吾尝学《六壬式》，亦值世间好匠，聚得《龙首》《金匮》《玉轮变》《玉历》十许种书，讨求无验，寻亦悔罢。凡阴阳之术，与天地俱生，其吉凶德刑，不可不信；但去圣既远，世传术书，皆出流俗，言辞鄙浅，验少妄多。至如反支不行，竟以遇害；归忌寄宿，不免凶终：

拘而多忌，亦无益也。

算术亦是六艺要事；自古儒士论天道，定律历者，皆学通之。然可以兼明，不可以专业。江南此学殊少，唯范阳祖暅[11]精之，位至南康太守。河北多晓此术。

医方之事，取妙极难，不劝汝曹以自命也。微解药性，小小和合[12]，居家得以救急，亦为胜事，皇甫谧、殷仲堪则其人也。

[注释]

1　部帙：书籍。

2　洎jì：到。

3　轨则：即规则。

4　工巧：技艺高明；巧艺；精致美妙；通指工匠。

5　弧矢：指弓箭。

6　麋mí：获得、得到。

7　要：通"邀"，邀击。

8　忕chì忕chì：忧惧不安的样子。

9　坎壈lǎn：困顿不得志。

10　诖guà误：贻误，连累。

11　祖暅xuǎn：指祖冲之的儿子祖暅之。

12　小小：稍稍。和合：调合，这里是配药方的意思。

［译文］

东晋、刘宋以来，有很多精通书法的人。所以一时形成了风气，在人们中互相产生了影响，所有的书籍文献都抄录得非常端正美观，即使难免出现个别俗体字，但并没有多大损害。直到梁武帝天监年间，这种风气也没有改变；到了大同末年的时候，异体错讹之字开始大量出现，萧子云改变字的形体，邵陵王常使用不规范字；朝野上下都一致效仿，将他们奉为典范，结果画虎不成反类犬，造成很大的损害，以致一个字简化成只有几个点，有的将字体随意安排，任意改变偏旁的位置。自那以后的文献书籍，几乎没法看。北朝经历了长期的兵荒马乱以后，书写字迹丑陋难看，再加上擅自生造新字，情况比江南地区还要拙劣。甚至出现将"百""念"两字组合成"忧"字，把"言""反"两字组合当成"变"字，将"不""用"两字组合当成"罢"字，把"追""来"两字组合当成"归"字，将"更""生"两字组合作为"苏"字，"先""人"两字组合当成"老"字。像这样的情况不是个别的，而是遍布于经籍传书之中。只有姚元标擅长于楷书、隶书，专心研究文字训诂的学问，跟从他学习的年轻人很多。到了北齐末年，秘阁书籍的抄写就比以前强多了。

江南地区民间有《画书赋》流传，是陶隐居弟子杜道士所作。这个人认不得多少字，却轻率地为绘画书法制定准则，还假托名师，世人也就轻易相信散布，后生晚辈多有被它所贻误的。

　　绘画技艺的巧艺，也是十分奇妙的。自古以来的名士，很多都很擅长此道。我们家里曾经有梁元帝亲手画的蝉雀白团扇和马图，也是一般人难以赶上的。武烈太子特别擅长人物写生，座上的宾客，他随手勾画，就成了几个人像，拿去问小孩，小孩都能知道这几个人像画的是谁。萧贲、刘孝先、刘灵都是除文学之外，又擅长绘画的人物。他们平时鉴别赏玩的古今名画，特别当成宝贝珍爱。但习画的人如果官职没有通达显赫，就经常被公家或私人叫去为他们画画，这也是一项苦差事。吴县的顾士端做过湘东王国侍郎，后来担任镇南府刑狱参军，他有个儿子叫顾庭，在梁朝任中书舍人。他们父子俩都会弹琴和书法，尤其绘画技艺很高，所以也经常被梁元帝叫去画画，父子俩常常感到羞愧和愤恨。彭城的刘岳，是刘橐的儿子，任骠骑府管记、平氏县令，是位有才学的豪爽之士，绘画的水平无人可及。后来他随同武陵王萧纪进入蜀地，武陵王的军队在下牢失败以后，他被陆护军遣去画支江寺的壁画，与工匠们混杂在一起。以上三位贤人假如都不懂得绘画，而是专攻儒学，难道会蒙受这种耻辱吗？

　　弓箭的锋利，可以威服天下，前代帝王以此观察人的德行，选择贤才，同时也是保全自身的紧要事情。江南地区称社会上的一般习射叫作兵射，仕宦人家的读书人大多不操习它；另有一种博射，用软弓长箭，射在剑靶上，讲究揖让进退，以此表达礼节。对于防御敌寇，却毫无用处。战乱之后，这种射法也不再出现了。河北的文人，大多懂得兵射，不但能像葛洪那样，用它来防身，而且在三公九卿出席的宴会上，常靠它分到赏赐。虽然如此，遇到那些拦轻捷的飞禽、截狡猾的野兽的围猎，我还是不愿你们去参加。

卜筮，是圣人从事的职业，但近代还没有好的巫师，所以卜筮的结果大多不能应验。古时候，用占卜来解决疑惑，现在的人却因为占卜而产生疑惑，这是什么原因呢？一个人恪守道义，相信自己的谋划，打算去干一件事，却卜得一个恶卦，反而使他忧惧不安，这就是所说的因占卜而产生疑惑的情况吧！况且今人十次占卜有六七次应验，就被看成占卜高手，那些对占卜术只是粗知大意，对情况又不详尽了解的人，对是或否两种结果进行占卜，自然也就只能有一半应验了。这种占卜术有什么值得信赖的呢？社会上流传说："懂得阴阳之术的人，会被鬼所妒嫉，其命运坎坷，穷困潦倒，大多不得平安。"我看近古以来特别精通占卜术的人，只有京房、管辂、郭璞，他们都没有得到官位，多遭受了灾祸，这句话就使人更加相信了。如果碰到法律礼教、伦理道德束缚较严格，勉强地背上善于占卜的名声，就会产生失误，这也是招来祸患的根源。至于观察天文气象以预测吉凶之事，

你们一概不要去做。我曾经学习过《六壬式》，也遇到过社
会上的好术士，收集到《龙首》《金匮》《玉变》《玉历》
等十来种书，对它们进行研究探讨却没有效验，随即就为此
感到后悔。阴阳之术，与天地一齐产生，这也是上天对人间
昭示吉凶、施加恩泽和惩罚的手段，不可不相信；但我们距
离圣人的时代已经很远，社会上流传的有关阴阳术数的书，
都出自平庸者之手，语言粗鄙肤浅，应验的少，虚妄的多。
至于像反支日不宜出行，可有人照样遇害；归忌日需寄宿在
外，可有人还是不免惨死。说明这类说法死板而多禁忌，也
是没有什么好处的。

　　算术也是六艺中很重要的一项，自古以来，学者们谈论
天文，制定律历，都要懂得它，但是这门学问可以附带地掌
握，不可以把它作为专业。江南地区懂得这门学问的人很
少，只有范阳的祖暅精通它，祖暅这人官至南康太守。河北
地区的人大多通晓这门学问。

　　看病开药方的事，要想达到精妙的地步是很困难的，我
不想劝你们以此作为追求目标。只要稍微懂一点药性，能配
一点药方，家中能够以此救急，也就是一桩好事了，皇甫
谧、殷仲堪就是这样的人。

　　《礼》曰："君子无故不彻[1]琴瑟。"古来名士，多
所爱好。洎于梁初，衣冠子孙，不知琴者，号有所阙[2]；

大同以末，斯风顿尽。然而此乐愔愔[3]雅致，有深味哉！今世曲解，虽变于古，犹足以畅神情也。唯不可令有称誉，见役勋贵，处之下坐，以取残杯冷炙之辱。戴安道犹遭之，况尔曹乎！

《家语》曰："君子不博，为其兼行恶道故也。"《论语》云："不有博弈者乎？为之，犹贤乎已。"然则圣人不用博弈为教；但以学者不可常精，有时疲倦，则傥为之，犹胜饱食昏睡，兀然[4]端坐耳。至如吴太子以为无益，命韦昭论之；王肃、葛洪、陶侃之徒，不许目观手执，此并勤笃之志也。能尔为佳。古为大博则六箸，小博则二茕[5]，今无晓者。比世所行，一茕十二棋，数术浅短，不足可玩。围棋有手谈、坐隐之目，颇为雅戏；但令人耽愦[6]，废丧实多，不可常也。

投壶之礼，近世愈精。古者，实以小豆，为其矢之跃也。今则唯欲其骁[7]，益多益喜，乃有倚竿、带剑、狼壶、豹尾、龙首之名。其尤妙者，有莲花骁。汝南周璝，弘正之子，会稽贺徽，贺革之子，并能一箭四十余骁。贺又尝为小障，置壶其外，隔障投之，无所失也。至邺以来，亦见广宁、兰陵诸王，有此校具[8]，举国遂无投得一骁者。弹棋亦近世雅戏，消愁释愦，时可为之。

[注释]

1　彻：撤除。

2　阙：同"缺"，缺憾。

3　愔yīn愔yīn：和悦舒适的样子。

4　兀然：指无知的样子。

5　筊qióng：指骰子。

6　耽愦kuì：沉迷乱心。

7　骁xiāo：矢投入壶中并使之弹出跳还。

8　校具：装饰的东西。

[译文]

《礼记》里说："君子无故不撤去琴瑟。"自古以来的名士，大多爱好弹琴。到了梁朝初期，如果贵族子弟不懂弹琴，就要被认为有缺憾；到了大同末年，这种风气就已经荡然无存了。然而这种音乐安闲和雅，确实有着深厚的意味啊！现在的琴曲歌词，虽然不同于古曲，听了之后还是足以使人神情舒畅。只是不要以擅长弹琴闻名，那样就会因此而被达官贵人所役使，坐在宴席下面，身受伶人般的屈辱。戴安道尚且遭遇过这样的事，何况你们呢！

《孔子家语》中说："君子不玩博戏，是因为博戏也会使人走入邪道。"《论语》中说："不是有玩博戏下围棋的游戏吗？玩玩这些，也比什么都不干好。"那么圣人是不用博戏、围棋作为施教手段的。只是因为读书人不可能总是精力集中，有时疲倦，偶尔玩玩，比吃饱了饭整天昏睡，或呆呆地坐着要好。至于像吴太子认为下围棋无益，叫韦昭写文章论述它的害处；王肃、葛洪、陶侃不许，这些都是勤奋且意志坚定的人。能够这样当然好。古时候玩大博用六根竹棍，小博用两个骰子，现在已经没有懂得这种玩法的人了。现在流行的玩法，是用一个骰子十二个棋子，术数浅短，不值得一玩。围棋有手谈、坐隐等名目，是一种颇为高雅的游戏；但使人沉溺其中，心神烦乱，废事丧时的确实太多，不可以经常玩。

投壶的讲究，近代越发精妙。古时候，壶里要装满小豆子，怕箭从壶中跳出来。现在人在投壶的时候却只想让箭能从壶中跳出来，跳出来的次数越多越高兴，于是就有了倚竿、带剑、狼壶、豹尾、龙首等名目。其中最精妙的是莲花骁。汝南人周璡，是周弘正的儿子，会稽人贺徽，是贺革的儿子，他们都能使一支箭连续投跃四十多次。贺徽曾经安置了一个小屏风，把壶放在屏风的外面，他自己隔着屏风投壶，没有投不进去的。自从我到邺城以来，看见广宁王、兰陵王等王公也有投壶的器具，但是举国上下竟然没有人能投一骁。弹棋也是近代的一种高雅游戏，能够消愁解闷，偶尔可以玩一玩。

终制第二十

死者，人之常分[1]，不可免也。吾年十九，值梁家丧乱，其间与白刃为伍者，亦常数辈；幸承余福，得至于今。古人云："五十不为夭。"吾已六十余，故心坦然，不以残年为念。先有风气[2]之疾，常疑奄然，聊书素怀，以为汝诫。

先君先夫人皆未还建邺旧山，旅葬江陵东郭。承圣末，已启求扬都，欲营迁厝[3]。蒙诏赐银百两，已于扬州小郊北地烧砖，便值本朝沦没，流离如此，数十年间，绝于还望。今虽混一，家道羹穷，何由办此奉营资费？且扬都污毁，无复孑遗，还被下湿，未为得计。自咎自责，贯心刻髓。计吾兄弟，不当仕进；但以门衰，骨肉单弱，五服之内，傍无一人，播越他乡，无复资荫；使汝等沉沦厮役，以为先世之耻；故觍冒[4]人间，不敢坠失。兼以北方政教严切，全无隐退者故也。

[注释]

1　常分：定分。这里是命中注定的意思。

2　风气：一种湿病。

3　迁厝cuò：迁葬。

4　觍tiǎn冒：厚颜冒昧。

[译文]

死亡是人间常有的事，不可避免。在我十九岁的时候，恰好梁朝动荡不安，许多日子是在刀剑丛中度过的，多亏祖上的保佑，我才活到了今天。正如古人所说的："活到五十岁就不算短命了。"我已经有六十多岁了，所以心里异常平静，也很坦然，没有后顾之忧。以前我患有风湿病，常常会怀疑自己突然死去，因此在这里记下我自己的一些想法，也算是对你们的嘱咐或者训诫吧。

我的亡父与亡母的灵柩都没能葬回建邺祖坟，因为客死他乡就暂时葬在江陵城的东郊。承圣末年，我已经启奏要求回扬州，准备迁葬。承蒙圣上下诏赐给百两银子，我已在扬州近郊北边烧制墓砖，却赶上梁朝灭亡，我辗转流离来到这里，几十年来，早已断了归还的希望。现在天下虽然已经统一，但是家境困窘，哪有门路筹集这笔迁葬所需的费用？况且扬州已被破坏，什么也没有残存下来，将亡父亡母的灵柩运返葬在低洼潮湿的地方，也不算得当。我自己怪罪自己，愧疚之情刻骨铭心。思量我们兄弟几个本来不该做官；只是因为家道衰落，人口孤单，力量薄弱，至亲之中，没有一人可以依傍，逃亡在外地，更没有再凭先代的勋功得到荫庇；如果让你们沦落到给人做杂役的境地，那就是祖先的耻辱；所以我才厚着脸皮混迹于社会，不敢有任何差错。同时也有北朝政纪严格，根本不允许官员隐退的缘故。

今年老疾侵，傥然奄忽[1]，岂求备礼乎？一日放臂，沐浴而已，不劳复魄，殓[2]以常衣。先夫人弃背之时，属世荒馑，家途空迫，兄弟幼弱，棺器率薄，藏[3]内无砖。吾当松棺二寸，衣帽已外，一不得自随，床上唯施七星板；至如蜡弩牙、玉豚、锡人之属，并须停省，粮罂明器，故不得营，碑志旒旐，弥在言外。载以鳖甲车，衬土而下，平地无坟；若惧拜扫不知兆域，当筑一堵低墙于左右前后，随为私记耳。灵筵勿设枕几，朔望祥禫，唯下白粥清水干枣，不得有酒肉饼果之祭。亲友来馈酹[4]者，一皆拒之。汝曹若违吾心，有加先妣，则陷父不孝，在汝安乎？其内典功德。随力所至，勿刳[5]竭生资，使冻馁也。四时祭祀，周、孔所教，欲人勿死其亲，不忘孝道也。求诸内典，则无益焉。杀生为之，翻增罪累。若报罔极之德，霜露之悲，有时斋供，及七月半盂兰盆[6]，望于汝也。

孔子之葬亲也，云："古者墓而不坟。丘东西南北之人也，不可以弗识[7]也。"于是封之崇四尺。然则君子应世行道，亦有不守坟墓之时，况为事际所逼也！吾今羁旅，身若浮云，竟未知何乡是吾葬地；唯当气绝便埋之耳。汝曹宜以传业扬名为务，不可顾恋朽壤，以取埋没[8]也。

[**注释**]

1　奄忽：突然死亡。

2　殓liàn：给死者穿衣入棺。

3　藏zàng：坟墓。

4　酹lèi：以酒浇地，表示祭奠。

5　刳kū：挖空，此指耗费。

6　盂yú兰盆：梵语意为"救倒悬"。

7　识zhì：做标志。

[**译文**]

我现在年纪已老且疾病缠身，倘若突然死去，难道还要求丧礼详备周全吗？如果哪一天我死了，只要求你们为我沐浴遗体而已，不劳你们行复魄之礼，身上只须穿着普通的衣服。你们的祖母去世的时候，正碰上闹饥荒，家庭境况空乏窘迫，我们几兄弟都还年幼单弱，因此，你们祖母的棺木就很简朴单薄，墓内连砖也没有一块。我也只当备办二寸厚的松木棺材一口，除了衣服帽子以外，其他东西一概不要随身带去，棺材底部只须放一块七星板。至于像蜡弩牙、玉豚、锡人这类东西，都应该裁撤不用，粮罂明器，本来就不要去料理，更不用提碑志铭旌了。棺材用鳖甲车运载，墓底用土衬垫就可下葬，墓的上面是平地而不要垒坟。如果你们担心拜祭扫坟时不知道墓地的界线，就要在墓地的左右前后修筑一堵低墙，顺便在上面做一个标志。灵床上不要设置枕几，每逢朔日望日祥禫祭奠，只须用白粥清水干枣等物，不许用酒肉饼果作祭品。亲友们来祭奠的，要一概谢绝。你们如果违反了我的心愿，把我的丧礼规格置于你们祖母之上，那就是把我陷于不孝的境地，你们能够心安吗？至于念佛诵经等佛教功德，可量力而行，不要因此而耗尽资财，使你们遭受冻馁之苦。一年四季对先辈行祭祀之礼，这是周公、孔子所教于我们的，是希望人们不要忘记他们死去的亲人，不要忘记孝道。如果要到佛经中去寻找根据，就没有什么好处了。靠杀生来进行祭祀活动，反而会增加我们的罪过。如果你们要报达父母的恩德，抒发思念亲人的伤悲，那么除了有时候供奉斋品外，到每年七月十五的盂兰盆节，我也是盼望能得到你们的斋供的。

孔子在安葬父母亲的时候说："古时候，只筑墓而不垒坟。我孔丘是东西南北漂泊不定之人，墓上不可以没有标志。"于是就垒了四尺高的坟。那么君子应付世事，实践自己的主张，也有不能守着坟墓的时候，何况是为情势所逼迫啊！我现在客居他乡，身子像浮云一样漂泊不定，竟然不知道哪方土地是我的埋葬之地，只应该断气后便就地埋葬。你们应该以传承家业播扬名声为己任，不可顾恋我葬身的墓地，以致埋没了自己。

附　录

颜之推传（《北齐书·文苑传》）

颜之推，字介，琅邪临沂人也。九世祖含，从晋元东度，官至侍中右光禄西平侯。父勰，梁湘东王绎镇西府咨议参军。世善《周官》《左氏》学。

之推早传家业。年十二，绎值自讲《庄》《老》，便预门徒；虚谈非其所好，还习《礼》《传》。博览群书，无不该洽；词情典丽，甚为西府所称。绎以为其国左常侍，加镇西墨曹参军。好饮酒，多任纵，不修边幅，时论以此少之。

绎遣世子方诸出镇郢州，以之推掌管记。值侯景陷郢州，频欲杀之，赖其行台郎中王则以获免，囚送建邺。景平，还江陵。时绎已自立，以之推为散骑侍郎，奏舍人事。后为周军所破，大将军李穆重之。荐往弘农，令掌其兄阳平公远书翰。值河水暴长，具船将妻子来奔，经砥柱之险，时人称其勇决。

显祖见而悦之，即除奉朝请，引于内馆中，侍从左右，颇被顾眄。天保末，从至天池，以为中书舍人，令中书郎段孝信将敕书出示之推；之推营外饮酒。孝信还，以状言，显祖乃曰："且停。"由是遂寝。河清末，被举为赵州功曹参军，寻侍诏文林馆，除司徒录事参军。之推聪颖机悟，博识有才辨，工尺牍，应对闲明，大为祖珽所重；令掌知馆事，判署文书，寻迁通直散骑常侍，俄领中书舍人。帝时有取索，恒令中使传旨。之推禀承宣告，馆中皆受进止；所进文章，皆是其封署，于进贤门奏之，侍报方出。兼善于文字，监校缮写，处事勤敏，号为称职。帝甚加恩接，顾遇愈厚，为勋要者所嫉，常欲害之。崔季舒等将谏也，之推取急还宅。故不连署；及召集谏人，之推亦被唤入，勘无其名，方得免祸。寻除黄门侍郎。及周兵陷晋阳，帝轻骑还邺，窘急，计无所从，之推因宦者侍中邓长颙进奔陈之策，仍劝募吴士千馀人，以为左右，取青、徐路，共投陈国。帝甚纳之，以告丞相高阿那肱等，阿那肱不愿入陈，乃云；“吴士难信。不须募之。”劝帝送珍宝累重向青州，且守三齐之地，若不可保，徐浮海南度。虽不从之推计策，犹以为平原太守，令守河津。

齐亡，入周，大象末，为御史上士。

隋开皇中，太子召为学士，甚见礼重。寻以疾终。有文三十卷、《家训》二十篇，并行于世。

曾撰《观我生赋》，文致清远，其词曰：仰浮清之藐藐，俯沈奥之茫茫，已生民而立教，乃司牧以分疆，内诸夏而外夷、狄，骤五帝而驰三王。大道寝而日隐，《小雅》摧以云亡，哀赵武之作孽，怪汉寻之不祥，旄头翫其金鼎，典午失其珠囊。瀍涧鞠成沙漠。神华泯为龙荒，吾王所以东运，我祖于是南翔，去琅邪之迁越，宅金陵之旧章，作羽仪于新邑，树杞梓于水乡，传清白而勿替，守法度而不忘。逮微躬之九叶，颓世济之声芳。问我辰之安在，钟厌恶于有梁，养傅翼之飞兽，子贪心之野狼。初召祸于绝域，重发衅于萧墙，虽万里而作限，聊一苇而可航，指金阙以长铩，向王路而蹶张。勤王逾于十万，曾不解其搤吭，嗟将相之骨鲠，皆屈体于犬羊，武皇忽以厌世，白日黯而无光，既飨国而五十，何克终之弗康？嗣君听于巨猾，每凛然而负芒。自东晋之违难，寓礼乐于江、湘，迄此几于三百，左衽狭于四方，咏苦胡而永叹，吟微管而增伤。世祖赫其斯怒，奋大义于沮、漳。授犀函与鹤膝，建飞云及艅艎，北征兵于汉曲，南发馌于衡阳。

昔承华之宾帝，寔兄亡而弟及，逮皇孙之失宠，叹扶车之不立。闲王道之多难，各私求于京邑，襄阳阻其铜符，长沙闭其玉粒，遽自战于其地，岂人勋之暇集。子既损而侄攻，昆亦围而叔袭；褚乘城而宵下；杜倒戈而夜入。行路弯弓而含笑，骨肉相诛而涕泣；周旦其犹病诸，李武悔而焉及。

方幕府之事殷，谬见择于人群，未成冠而登仕，财解履以从军。非社稷之能卫，□□□□□□，仅书记于阶闼，罕羽翼于风云。

及荆王之定霸始雠耻而图雪，舟师次乎武昌，抚军镇于夏汭。滥充选于多士，在参戎之盛列；惭四白之调护，厕六友之谈说；虽形就而心和，匪余怀之所说。

繄深宫之生贵，矧垂堂与倚衡，欲推心以厉物，树幼齿以先声；忾敷求之不器，乃画地而取名。仗御武于文吏，委军政于儒生。值白波之猝骇，逢赤舌之烧城，王凝坐而对寇，向栩拱以临兵。莫不变蝯而化鹄，皆自取首以破脑，将睥睨于渚宫，先凭陵于地道。懿永宁之龙蟠，奇护军之电扫，奔虏快其余毒，缧囚膏乎野草。幸先主之无劝，赖滕公之我保，剟鬼录于岱宗，招归魂于苍昊，荷性命之重赐，衔若人以终老。

贼弃甲而来复，肆觜距之雕鸢，积假履而弑帝，凭衣雾以上天。用速灾于四月，奚闻道之十年！就狄俘于旧坏，陷戎俗于来旋。慨黍离于清庙，怆麦秀于空廛；薮鼓卧而不考，景钟毁而莫悬；野萧条以横骨，邑阒寂而无烟。畴百家之或在，覆五宗而翦焉；独昭君之哀奏，唯翁主之悲弦。经长干以掩抑，展白下以流连；深燕雀之余思，感桑梓之遗虔；得此心于尼甫，信兹言乎仲宣。

逖西土之有众，资方叔以薄伐；抚鸣剑而雷咤，振雄旗而云宰；千里追其飞走，三载穷于巢窟；屠蚩尤于东郡，挂郅支于北阙。吊幽魂之冤枉，扫园陵之芜没；殷道是以再兴，夏祀于焉不忽。但遗恨于炎昆，火延宫而累月。

指余棹于两东，侍升坛之五让，钦汉官之复见，赴楚民之有望。摄绛衣以奏言，忝黄散于官谤。或校石渠之文，时参柏梁之唱，顾瓻瓯之不算，濯波涛而无量。属潇、湘之负罪，兼岷、峨之自王，仁既定以鸣鸾，修东都之大壮。惊北风之复起，惨南歌之不畅，守金城之汤池，转绛宫之玉帐，徒有道而师直，翻无名之不抗。民百万而囚虏，书千两而烟炀，溥天之下，斯文尽丧。怜婴孺之何辜，矜老疾之无状，夺诸怀而弃草，踣于涂而受掠。冤乘舆之残酷，轸人神之无状，载下车以黜丧，撙桐棺之藁葬。云无心以容与，风怀愤而憀恨；井伯饮牛于秦中，子卿牧羊于海上。留钏之妻，人衔其断绝；击磬之子，家缠其悲怆。

小臣耻其独死，实有媿于胡颜，牵痾疹而就路，策驽蹇以入关。下无景而属蹈，上有寻而亟搴，嗟飞蓬之日永，怅流梗之无还。

若乃五牛之旌，九龙之路，土圭测影，璇玑审度，或先圣之规模，乍前王之典故，与神鼎而偕没，切仙弓之永慕。

尔其十六国之风教，七十代之州壤，接耳目而不通，咏图书而可想。何黎氓之匪昔，徒山川之犹曩；每结思于江湖，将取弊于罗网。聆代竹之哀怨，听出塞之嘹朗，对皓月以增愁，临芳樽而无赏。

日太清之内衅，彼天齐而外侵，始蹙国于淮浒，遂压境于江浔，获仁厚之麟角，克俊秀之南金，爰众旅而纳主，车五百以复临，返季子之观乐，释钟仪之鼓琴。窃闻风而清耳，倾见日之归心，试拂蓍以贞筮，遇交泰之吉林。譬欲秦而更楚，假南路于东寻，乘龙门之一曲，历砥柱之双岑。冰夷风薄而雷响，阳侯山载而谷沉，侔掣鲸以凭浚，类斩蛟而赴深，昏扬舲于分陕，曙结缆于河阴，追风飙之逸气，从忠信以行吟。

遭厄命而事旋，旧国从于采苣；先废君而诛相，讫变朝而易市。遂留滞于漳滨，私自怜其何已。谢黄鹄之回集，恶翠凤之高峙。曾微令思之对，空窃彦先之仕，纂书盛化之旁，待诏崇文之里，珥貂蝉而就列，执麾盖以入齿，款一相之故人，贺万乘之知己，秪夜语之见忌，宁怀□之足恃。谏谮言之矛戟，惕险情之山水，由重裘以胜寒，用去薪而沸止。

予武成之燕翼，遵春坊而原始；唯骄奢之是修，亦佞臣之云使。惜染丝之良质，惰琢玉之遗祉，用夷吾而治臻，昵狄牙而乱起。诚怠荒于度政，惋驱除之神速，肇平阳之烂鱼，次太原之破竹，寔未改于弦望，遂□□□□□。及都□而升降，怀坟墓之沦覆，迷识主而状人，竞己栖而择木，六马纷其颠沛，千官散于奔逐，无寒瓜以疗饥，靡秋萤而照宿，雠敌起于舟中，胡、越生于辇毂。壮安德之一战，邀文、武之余福，尸狼籍其如莽，血玄黄以成谷，天命纵不可再来，犹贤死庙而恸哭。

乃诏余以典郡，据要路而问津，斯呼航而济水，郊乡导于善邻，不羞寄公之礼，愿为式微之宾。忽成言而中悔，矫阴疏而阳亲，信诙谋于公主，竟受陷于奸臣。曩九围以制命，今八尺而由人；四七之期必尽，百六之数溘屯。

予一生而三化，备荼苦而蓼辛，鸟焚林而铩翮，鱼夺水而暴鳞，嗟宇宙之辽旷，愧无所而容身。夫有过而自讼，始发蒙于天真，远绝圣而弃智，妄锁义以羁仁，举世溺而欲拯，王道郁以求申。既衔石以填海，终荷戟以入榛，亡寿陵之故步，临大行以逡巡。向使潜于草茅之下，甘为畎亩之人，无读书而学剑，莫抵掌以膏身，委明珠而乐贱，辞白璧以安贫，尧、舜不能荣其素朴，桀、纣无以污其清尘，此穷何由而至，兹辱安所自臻？而今而后，不敢怨天而泣麟也。

之推在齐有二子：长曰思鲁，次曰愍楚，不忘本也。

之推集在，思鲁自为序录。

www.ingramcontent.com/pod-product-compliance
Lightning Source LLC
LaVergne TN
LVHW051057180726
843512LV00020B/1514